教育装备新技术发展报告

李红印　梁森山　主编

清華大學出版社
北　京

内 容 简 介

本书依托教育部教育装备研究与发展中心 2020 年度基本科研业务费专项资金资助重点课题《新技术在教育装备应用的趋势研究》(课题编号：KZD202009)，扎实开展新材料、新工艺、新技术、新装备研究。本书通过调查研究，初步摸清了目前适用于教育装备研发、设计、制造的新材料、新工艺、新技术以及适用于教育教学的新装备，为教育行政部门制定政策和相关标准的制（修）订提供依据与参考，为各级各类学校教育装备配备提供参考。

本书包含边缘计算、人工智能实验教学、虚拟现实技术、3D 打印技术、新型显示技术、开源软硬件六章，分别从历史与现状综述、典型应用案例、育人价值分析、未来发展与展望等方面进行论述。本书可以为政府部门决策提供依据，为企业开发设计提供参考，为学校采购提供支持，为用于教育装备采购经费的使用效益提供帮助。

图书在版编目（CIP）数据

教育装备新技术发展报告 / 李红印，梁森山主编 .— 北京：清华大学出版社，2022.6
ISBN 978-7-302-60730-4

Ⅰ. ①教… Ⅱ. ①李… ②梁… Ⅲ. ①教学设备 – 技术发展 – 研究报告 – 中国 Ⅳ. ① G484

中国版本图书馆 CIP 数据核字（2022）第 073473 号

责任编辑：焦晨潇
封面设计：何凤霞
责任校对：赵琳爽
责任印制：宋 林

出版发行：清华大学出版社
网 址：http: //www.tup.com.cn，http: //www.wqbook.com
地 址：北京清华大学学研大厦 A 座 **邮 编：**100084
社 总 机：010-83470000 **邮 购：**010-62786544
投稿与读者服务：010-62776969, c-service@tup.tsinghua.edu.cn
质量反馈：010-62772015, zhiliang@tup.tsinghua.edu.cn
印 装 者：三河市铭诚印务有限公司
经 销：全国新华书店
开 本：185mm × 260mm **印 张：**8.75 **字 数：**157 千字
版 次：2022 年 6 月第 1 版 **印 次：**2022 年 6 月第1次印刷
定 价：68.00 元

产品编号：096499-01

编 委 会

前 言

本书是以教育部教育装备研究与发展中心（以下简称装备中心）2020年度基本科研业务费专项资金资助重点课题《新技术在教育装备应用的趋势研究》（课题编号：KZD202009）为基础，通过广泛调研、专家评议等编写而成的。

2020年，装备中心工作要点中提到“扎实开展新材料、新工艺、新技术、新装备研究”，并提出了具体的目标任务，即通过调查研究，初步摸清适用于教育装备研发、设计、制造的新材料、新工艺、新技术以及适用于教育教学的新装备，为教育行政制定政策和相关标准的制（修）订提供依据与参考。装备中心持续关注国内外的新技术发展动态，重点研究技术、装备、课程与教学的有效融合，广泛调研，摸清了现有新技术装备的教育适用性，立足教育事业和装备行业发展，形成了新的工作思路和机制，为装备中心的发展和教育部相关司、局的战略部署提供了技术支撑。装备中心加强关注新技术应用于教育装备后的教育适用性问题，为新技术进入教育装备进行有效探索，力争使其支撑教育教学效益最大化。

本课题的目的是为政府部门决策提供依据，为企业开发设计提供参考，为学校采购提供支持，为用于教育装备采购经费的使用效益提供帮助。

课题组在广泛调研和专家论证的基础上，确定教育装备新技术的内涵为：①原始创新技术；②引进消化再创新的技术；③在教育装备行业范围内具有先进性、新颖性和适用性，能够为教学提供保障的技术；④能够改造传统教育装备提升性能和质量的技术。

本书由以教育装备新技术内涵为基础筛选出边缘计算、人工智能实验教学、虚拟现实技术、3D打印技术、新型显示技术和开源软硬件六章构成，分别从历史与现状综述、典型应用案例、育人价值分析、未来发展与展望等方面进行论述。第1章主要讲解边缘计算。用新型学习空间建设、智慧校园建设、教育数据中心建设、“互联网＋教育”平台应用、校际合作和集团化办学五类场景介绍边缘计算在教育领域的典型应用。第2章主要讲解人工智能实验教学。对人工智能实验教学的育人目标与价值、人工智能实验教学解决方案和人工智能实验教学实施规划等方面进行了论证。第3章主要讲解虚拟现实技术。用“5G云VR”智慧教育、虚拟现实综合教室、沉浸式高新视频文创实训室、超高清数字内容创作实验室应用于教育领域的案例来介绍虚拟现实技术的典型应用。第4章主要讲解3D打印技术。用 3D 打印学科融入型课程案例、3D 打印特色教学实践案例、3D 打印项目式教学课程案例与分析、3D 打印相关赛事案例和中小学 3D 打印教室建设参考方案介绍 3D 打印技术在教育领域的典型应用。第 5 章主要讲解新型显示技术。用三屏智慧黑板(防眩光)、移动学习平板电脑和 VR 眼镜方面应用于教育领域的案例来介绍新型显示技术的典型应用。第 6 章主要讲解开源软硬件。介绍了中国特色开源软硬件的需求来自一线教学，其具有鲜明的“教学应用”特征，并对其开放性、技术前瞻性和自主可控性进行了论述。本书力争形成对整个行业的健康发展有所帮助。

本课题在研究过程中得到了英特尔（中国）有限公司、北京宏达威爱科技有限公司、上海智位机器人股份有限公司、威盛电子（中国）有限公司、北京太尔时代科技有限公司、TCL 电子控股有限公司、深圳市教育信息技术中心、深圳市教育装备行业协会和汪琼、丁书林、李冬梅、王宁、吴俊杰、张仲华等专家的大力支持，在此一并表示感谢。

本书所涉及的问题和观点并不都是完全成熟的，还需要在教育装备的应用过程中实践检验，但我们的出发点是促进新技术与教育装备更好地结合，为教育教学提供支撑，为教育资源的均衡化提供技术保障，对教育装备的配备和使用提供一定的借鉴意义。因水平有限，难免会出现不妥与错误之处，希望读者对本书给予指正。

编　者

2022 年 1 月

目录

第 1 章 边缘计算 001

1.1 历史与现状综述 001

1.1.1 什么是边缘计算 001

1.1.2 边缘计算的发展历史 003

1.1.3 边缘计算与教育新基建 004

1.2 典型应用案例 004

1.2.1 新型学习空间建设 004

1.2.2 智慧校园建设 007

1.2.3 教育数据中心建设 008

1.2.4 “互联网 + 教育”平台应用 009

1.2.5 校际合作和集团化办学 009

1.3 边缘计算技术优势 010

1.3.1 强化教育新基建网络基础，保障智慧教育高质量运行 010

1.3.2 提高信息化系统部署的灵活度和性价比，实现集约高效发展 010

1.3.3 提升教育数据安全性和隐私性，防范伦理与社会问题 011

1.4 发展过程中可能存在的问题及解决办法 011

1.4.1 边缘侧的数据安全问题 011

1.4.2 设备选型和运行维护问题 012

1.4.3 新产生的教育不公平问题 012

1.5 未来发展与展望 013

1.5.1 “云一边”协同模式将成为新的解决途径 013

1.5.2 “云—边”协同模式将进一步提升教育智能化程度 013
1.5.3 边缘计算将成为教育服务的重要组成部分 014
1.5.4 边缘计算与其他新技术将进一步深入融合 014

第 2 章 人工智能实验教学 016

2.1 人工智能实验教学育人目标 016
2.1.1 人工智能教育政策背景 016
2.1.2 人工智能实验教学的意义 016
2.2 人工智能实验教学育人价值 017
2.2.1 道德、论理和责任的素养 018
2.2.2 选择和使用人工智能工具的素养 018
2.2.3 系统思维的素养 018
2.3 人工智能实验教学解决方案 018
2.3.1 普通高中教育实验教学解决方案和应用 019
2.3.2 义务教育阶段解决方案和应用 025
2.3.3 人工智能实验教学环境 028
2.4 区域推进人工智能实验教学实施规划 031
2.4.1 项目规划与目标 031
2.4.2 课程建设与师资培训 032
2.4.3 实验室与课程建设配套规划 034
2.4.4 普通高中人工智能实验室装备方案 038
2.4.5 义务教育人工智能实验室装备方案 042
2.5 人工智能学科教学展望 045

第 3 章 虚拟现实技术 046

3.1 历史与现状综述 046
3.1.1 虚拟现实技术简史 046

3.1.2 虚拟现实技术与教育 049

3.2 典型应用案例 051

3.2.1 “5G 云 VR”智慧教育解决方案 051

3.2.2 虚拟现实综合教室解决方案 051

3.2.3 沉浸式高新视频文创实训室 053

3.2.4 超高清数字内容创作实验室 054

3.3 育人价值分析 054

3.3.1 辅助理论教学 055

3.3.2 推动实验教学 056

3.4 未来发展与展望 057

3.4.1 建立健全虚拟现实产业生态 057

3.4.2 推进虚拟现实教育行业标准的制定 058

3.4.3 以赛事和活动带动示范校建设 058

3.4.4 统筹“政用产学研”协同并进 058

第 4 章 3D 打印技术 059

4.1 历史与现状综述 059

4.1.1 3D 打印技术的起源 059

4.1.2 3D 打印技术与模型设计 061

4.1.3 3D 打印技术的意义 062

4.1.4 推进 3D 打印教学应用的必要性 063

4.1.5 3D 打印技术在教育领域的应用趋势 064

4.1.6 3D 打印技术软硬件开发案例 065

4.2 典型应用案例 070

4.2.1 3D 打印学科融入型课程案例 070

4.2.2 3D 打印特色教学实践案例 072

4.2.3 3D 打印项目式教学课程案例与分析 075

4.2.4 3D 打印相关赛事案例 076

4.2.5 中小学 3D 打印教室建设参考方案 077
4.3 育人价值分析 080
4.3.1 培养学生动手实践能力 080
4.3.2 培养学生互助协作能力 081
4.3.3 培养学生跨学科思维能力 081
4.3.4 创新创造能力 081
4.4 未来发展与展望 081
4.4.1 与先进教育理念同行 081
4.4.2 以产品为导向的教学形式 082

第 5 章 新型显示技术 083

5.1 历史与现状综述 083
5.1.1 显示技术的发展简史 083
5.1.2 显示技术与教育 084
5.1.3 电子显示设备的弊端 086
5.1.4 国家层面采取的措施及目标 087
5.1.5 评判机构的发展 088
5.2 典型应用案例 090
5.2.1 三屏智慧黑板（防眩光） 090
5.2.2 移动学习平板电脑 091
5.2.3 VR 眼镜 094
5.3 育人价值分析 096
5.3.1 培养科学健康用眼习惯 096
5.3.2 丰富学生的学习体验 097
5.3.3 在线优质教育资源均衡化 097
5.4 未来发展与展望 098
5.4.1 护眼与显示技术的发展 098
5.4.2 类纸屏护眼技术的发展 099

5.4.3 护眼效果评判体系的发展 099

第 6 章 开源软硬件 100

6.1 历史与现状综述 100
6.1.1 开源软硬件的起源 100
6.1.2 开源软硬件的现状 101
6.2 中国特色开源软硬件 103
6.2.1 构建中国特色开源软硬件的必要性 103
6.2.2 中国特色开源软硬件的特征 104
6.2.3 中国特色开源软件 105
6.2.4 中国特色开源硬件 108
6.2.5 中国特色开源软硬件支撑国家及地方教材 110
6.2.6 中国特色开源软硬件教学成果 111
6.2.7 基于中国特色开源软硬件的活动与赛事 115
6.2.8 基于中国特色开源软硬件的实验室建设 116
6.2.9 开源社区与开源生态营造 120
6.3 育人价值分析 122
6.3.1 动手实践能力 122
6.3.2 协同共享能力 122
6.3.3 跨学科思维能力 122
6.3.4 创新创造能力 122
6.4 未来发展与展望 123
6.4.1 加快建设中国特色开源软硬件生态环境 123
6.4.2 推进中国特色开源硬件标准化工作 123

附 录 编委介绍 125

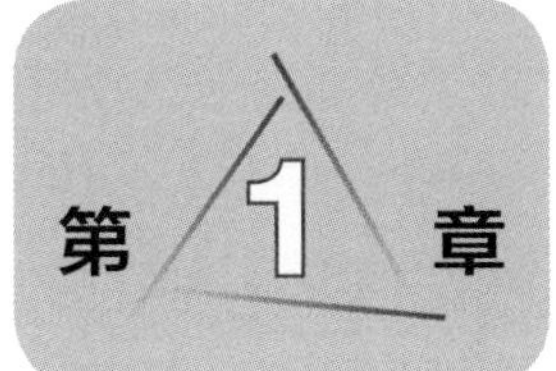

边缘计算

1.1 历史与现状综述

1.1.1 什么是边缘计算

边缘计算（edge computing）的兴起缘于万物互联和人工智能时代海量数据迸发对系统实时响应和运行效率的迫切需要。在单纯云计算技术无法满足终端“大连接、低时延、大带宽”需求的背景下，边缘计算作为一种在更靠近终端的网络边缘执行计算的新型计算模型被提了出来。

从国际标准化层面看，ISO/IEC JTC1/SC38[①]提出边缘计算是一种将主要处理和数据存储放在网络边缘节点的分布式计算形式。欧洲电信标准协会（European Telecommunications Sdandards Institute，ETSI）则认为边缘计算是指在移动网络边缘提供 IT 服务环境和计算能力，强调更加靠近移动用户和终端设备，以减少网络操作和服务交付的时延，提高用户体验效果。

阿里云和中国电子技术标准化研究院编写的《边缘云计算技术及标准化白皮书（2018）》对边缘计算的主要优势进行了总结，分别是低时延、自组织、可定义、可调度、高安全和标准开放[②]。正是基于上述优势，边缘计算逐渐被广泛应用在智慧城市建设、自动驾驶、智能家居、工业物联网等领域。

早在 2017 年，国际数据公司（International Data Corporation，IDC）的一份行业报告中就提出：截至 2019 年，45% 的数据会在边缘侧存储、分析和处理[③]。而其在 2021 年的最

---

① ISO/IEC JTC1 即 ISO/IEC 联合信息技术委员会，是国际标准化组织（International Organization for Standardization，ISO）和国际电工委员会（International Electrotechnical Commission，IEC）联合组建的第一个标准化技术委员会。它在 ISO 和 IEC 的共同领导下，承担信息技术领域国际标准制定工作，具有重要的影响力和号召力。SC38 成立于 2009 年 10 月，是负责制定云计算和分布式平台相关标准的分技术委员会。

② 阿里云计算有限公司，中国电子技术标准化研究院等，边缘云计算技术及标准化白皮书（2018）[R].

③ 该行业报告为 *IDC FutureScape: Worldwide Internet of Things 2017 Predictions*。

新人工智能报告中，再次强调了边缘计算的价值，并预测：到 2023 年，将有 70% 的机构在边缘运行不同级别的分析和 AI 模型[①]。

对于教育领域而言，随着人工智能、物联网等技术的参与以及各类摄像头、传感器的引入，大量教育数据也存在着在边缘进行快速实时处理的需求。无论是学校内部，还是校际之间，甚至是省市级、国家级的教育专网，都有边缘计算的用武之地。边缘计算是教育新型基础设施建设（以下简称教育新基建）重要的网络和信息化通路基础。

从架构和部署角度来看，边缘计算中的“边缘（edge）”是指整个网络系统中数据处理与运算发生的位置，是相对于云计算中的“云（cloud）”来说的。在传统的云计算架构中，所有的智能终端将数据传输、存储到云服务器上，经云服务器处理后再将结果返回智能终端。云服务器处于中心位置，外围连接着大量终端。在这一模式下，不断增多的终端设备会加大云服务中心和数据传输链路的压力，进而影响系统的运行和响应速度。边缘计算所提供的解决方案是在更加靠近终端设备的一侧，也就是靠近物或数据源头的一侧部署运算中心，赋予边缘设备或边缘网络一定的数据处理能力。如在智慧校园的建设中，整个学校可以架设私有云或购买公有云空间实现校内公共数据和资源的存储和调取，但在每一个智慧教室或实验室等场所内，可以部署专属于该场所的边缘服务器，形成边缘网络，以满足该场所特定的数据处理需求。

与“云—端（终端）”的两级部署模式相比，“云—边（边缘）—端”的三级部署模式（见图 1-1）让数据处理更接近于数据产生的源头，提供更精确的结果，消耗更少的网络带宽，从而缩短系统的反应时间，保护数据隐私及安全。

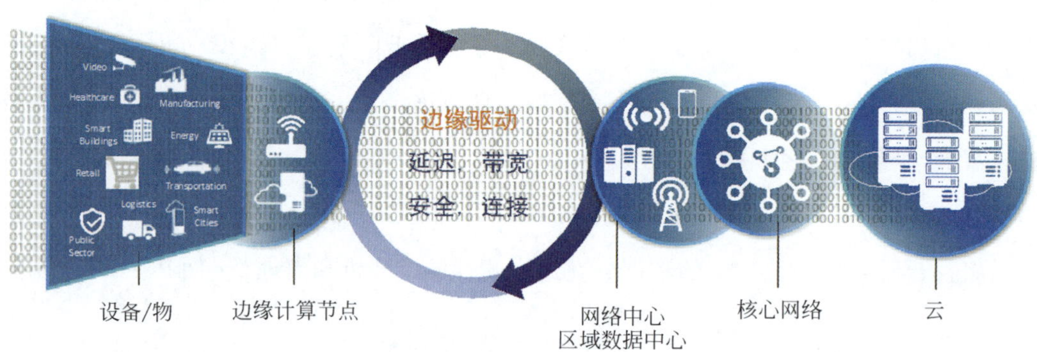

图1-1 “云—边—端”的网络系统架构模式

需要注意的是，边缘计算和云计算并不是对立关系，而是互补关系。边缘计算（边缘

① 该报告为 *IDC FutureScape: Worldwide Artificial Intelligence 2021 Predictions*。

网络）重点解决的是边缘侧或数据侧本身的运算效率和数据安全问题，而云计算（云服务器）重点实现不同空间、不同终端、不同边缘节点之间的数据共享和互联。二者各有优势，这使“云—边”协同的网络系统架构模式被越来越多的机构所采纳。另外，在实际搭建的过程中，由于需求和网络系统规模的差异，“云—边”协同模式也可能会被划分为更多层级，以层层嵌套的形式进一步提高系统运行效率。

1.1.2 边缘计算的发展历史

有研究将边缘计算的发展总结为三个阶段，2015 年以前为边缘计算的技术储备期，2015—2017 年为边缘计算的快速增长期，2018 年之后为边缘计算的稳定发展期。

早在 1998 年，阿卡迈公司就提出了内容分发网络（content delivery network，CDN）的概念，其依靠部署在各地的缓存服务器，通过中心平台的负载均衡、内容分发、调度等功能模块，将用户的访问指向距离最近的缓存服务器，以降低网络拥塞，提高访问响应速度。这可以看作边缘计算的早期探索。在此之后，有研究和开发团队相继提出了功能缓存、移动边缘计算、雾计算、海云计算等算法、模型和应用，进一步将计算能力部署到网络边缘甚至终端。在 2013 年，美国太平洋西北国家实验室的一份内部报告中首次提出边缘计算（edge computing）的概念。此时，边缘计算的含义既有云服务功能的下行，也有万物互联服务的上行①。

随着物联网的发展和万物互联的需要，边缘计算在 2015—2017 年进入快速增长期。在国外，以英特尔、思科、戴尔、微软等为代表的高科技企业以及普林斯顿大学等高等教育研究机构纷纷开始研究边缘计算，开发相应的算法和标准；2016 年，美国国家科学基金委（National Science Foundation, NSF）在计算机系统研究中将边缘计算列为突出领域，替换了原有的云计算；2018 年，国际计算机协会（Association for Computing Machinery，ACM）和电气与电子工程师协会（Institute of Electrical and Electronics Engineers，IEEE）联合举办边缘计算顶级会议。这些都体现出产业界和学术界对边缘计算的高度关注。在国内，华为、中国科学院沈阳自动化研究所、中国信息通信研究院、英特尔（中国）、ARM（Advanced RISC Machines）等于 2016 年在北京成立了边缘计算产业联盟。中国自动化学会边缘计算专业委员会于 2017 年 8 月正式成立，标志着边缘计算的发展已经得到了专业学会的认可和推动。

① 施巍松，张星洲，王一帆，等．边缘计算：现状与展望 [J]. 计算机研究与发展，2019, 56(1):73-93.

2018 年以后，边缘计算被推向前台，进入稳定发展期。云计算公司、硬件厂商、通信运营商、科研机构、产业联盟等纷纷推出相应的边缘计算解决方案，边缘计算被更多引入工业 4.0 和智慧城市、智慧生活等物联网系统中。2018 年 8 月召开的全国计算机体系结构学术年会的主题为“从云到端的智能架构”，同年 9 月在上海召开的世界人工智能大会以“边缘计算，智能未来”为主题举办了边缘智能主题论坛，这反映出边缘计算已成为继云计算之后的另一个研究热点和实践热点。

1.1.3 边缘计算与教育新基建

2021 年 7 月，教育部等六部门发布《关于推进教育新型基础设施建设构建高质量教育支撑体系的指导意见》（以下简称《指导意见》），其中明确指出教育新型基础设施是以新发展理念为引领，以信息化为主导，面向教育高质量发展需要，聚焦信息网络、平台体系、数字资源、智慧校园、创新应用、可信安全等方面的新型基础设施体系。

如果将教育新基建看作构建高质量教育的基石，那么边缘计算就是教育新基建的重要“黏合剂”。一方面，无论是建设教育专网和“互联网 + 教育”大平台，为教育高质量发展提供数字底座，还是建设物理空间和网络空间相融合的新校园，拓展教育新空间，抑或是提升全方位、全天候的安全防护能力，保障广大师生切身利益，都需要借助边缘计算进一步赋能增效。另一方面，边缘计算所具备的自组织、可定义、可调度、高安全等特点更加契合教育新基建结构化、集约高效、安全可靠、可迭代和持续建设的具体要求，确保了教育新基建的性价比和灵活性。

1.2 典型应用案例

就应用场景而言，边缘计算作为一种相对底层的网络部署方案，满足教育新基建的大多数场景需求，包括但不限于建设教育专网、校园网络升级、构建新型数据中心、完善智慧教学设施、部署智慧公共设施、创新评价应用。下面就几种典型的应用场景进行简单介绍。

1.2.1 新型学习空间建设

在教育逐渐向信息化、智能化、数据化转型的过程中，智慧教室、人工智能实验室、

AR/VR 实验室、互动式学习中心、智慧化评测中心等一系列新型学习空间迅速增多。与传统教学环境相比，这些新型学习空间大多具有实时数据量大、响应速度要求高等特点。而为了保证上述学习空间的高效运转，一种有效的方法就是在边缘侧（即在每一个新型学习空间内部）部署适度的算力，从而缩短数据传输距离，提高实时响应速度，优化教与学体验。

以智慧教室为例，作为教学发生的主要场所，智慧教室关联教学资源的生成与发放、教与学行为的全面采集和分析、教学评价和教学数据的管理、新型教学工具的探索与实践等核心内容。

当前，多数智慧教室可以支持师生多媒体学习终端交互、学生学习数据采集、课堂常态化录播、双师课堂等功能，一些智慧教室还可以利用人工智能技术和大数据技术对学生开展智能诊断，形成学生数字化学习档案和学习画像，实时量化分析、课堂行为模式变化、学生专注力变化等信息，辅助教师进行教学决策与改进。在上述强计算功能的应用场景中，智慧教室内部会产生海量的视频、图像、音频等数据，这就对数据存储、传输、分析、处理的速度和能力以及多种应用整合的负载提出了更高要求。同时，数据的隐私保护也是智慧教室方案中必须考虑的重要需求。

面对这种教学场景，只凭借传统的云计算模式是远远不够的。而引入边缘计算，可以让智慧教室中产生的数据在场所内部得到快速处理。就整个学校而言，每一间智慧教室都可以成为一个边缘计算中心，实现应用负载的强化、视频存储的预处理、语音和视频的识别处理以及一些功能的叠加，而不需要将全部数据上传到云端计算，从而降低了网络链路压力，可以大幅度提高数据运行效率，确保系统的实时响应速度和隐私安全性，并节约网络存储成本，减少网络基础设施的投入和运营成本。

以一间常态化录播教室作为测算依据，在采用 1920×1080 全高清录制的基础上，采用边缘计算后，常态化录播的码率和存储需求均降低了三分之一（见表 1-1），而在对实时性、低时延要求更高的 4K 远程同步课堂中，采用边缘计算和动态编码，则可以让空间内数据码流从 24Mbps 大幅降低为 1~4Mbps，为同步课堂、双师课堂促进教育公平与共享提供保障。如果在同步课堂的基础上增加教学的 AI 量化分析（如教学行为分析、情绪分析），那么需要实时处理的数据量则更加庞大，使用边缘计算成为必然选择。换句话说，随着智慧课堂场景下新功能、新应用的增加，强计算、低时延的要求变得越来越高，就更需要边缘计算的参与。

表 1-1　边缘计算对常态化录播效果的提升

使用场景	未采用边缘计算情况下的视频码流	未采用边缘计算情况下一次课的数据量	采用边缘计算后的视频码流	采用边缘计算后一次课的数据量
常态化录播教室（1080P，2台摄像机，3路视频信号：教师摄像机、学生摄像机、计算机屏幕）	单路画面码流为4Mbps，三路画面的总码流为12Mbps	以45min为基准，产生的数据量为12Mbps/8 × 60s × 45min=4050MB=4.05GB	使用边缘计算在录播教室内将三路画面合为一路，码流缩小为4Mbps	以45min为基准，产生的数据量为4Mbps/8 × 60s × 45min= 1350MB=1.35GB

再以目前很多学校正在建设的人工智能实验室（AI LAB）为例，人工智能课程在教学过程中需要较大的算力储备以应对大数据量训练需要，而这些训练又需要在较短时间内完成。此时，边缘计算的核心优势在于以缩短数据传输链路的方式（由从“端”到“云”变为从“端”到“边”）大幅度提高了模型训练等高数据并发任务的处理效率，缩短了模型训练等原本耗时较长的学习任务的等待时间，使学生能够在有效的课堂时间内更加聚焦人工智能关键知识的学习。同时，与将数据传输到云端相比，边缘计算也节约了教育经费的投入。如表 1-2 所示。

表 1-2　边缘计算和云计算对 AI 课堂影响的对比（教学内容：图片处理）

比较对象	数据	传到边缘服务器的时长	传到边缘服务器的费用	传到云端的时长	传到云端的费用
图片大小	200Kb/张	5min/次（上行带宽按1000Mbps计算）	80000元/5年	500min/次(上行带宽按10Mbps计算)	150000元/5年
图片张数	3000张/人				
班级人数	50人				
总数据量	30Gb				
每节课所需上传次数	1~2次	5~10min		500~1000min	
每周实验室使用情况	2~3次/周	20~30min		2000~3000min	

除人工智能实验室外，边缘计算也可以支持增强 / 虚拟现实（AR/VR）实验室的建设。增强 / 虚拟现实实验室依托感知交互、仿真设备等装备，可以让学生更加直观地感受知识点中的场景，在职业教育、医学教育、学科实验等领域具有很大优势。一般来说，各类 AR/VR 资源都是被存储在网络云端中。为了保障学习效果和观看体验，这些资源都是高清晰度的，且与传统的高清 2D/3D 影像相比，承载了更多的信息，带来了更大的视角。并且伴随学习者的移动和操作，画面也要随着交互并产生反馈，这对 AR/VR 设备的运算能力提出了更高要求。为此，需要在这些设备的边缘侧（如教室内的中央计算单元等）部署算力和算法，以确保资源和学习的流畅性。

1.2.2 智慧校园建设

在教室、实验室等新型学习空间的智慧化基础上，边缘计算也在支持整体校园从数字化向智慧化转变。教育新基建强调要推动校园局域网升级，支持建设校园物联网，推动安防视频终端、环境感知装置等设备联网，增强感知能力。而感知能力的增强，意味着数据采集和传输量的大幅度增多。为保障系统效率和响应速度，边缘计算及“云—边”协同的校园网络模式就显得十分必要。

例如，在一些智慧校园中，智慧化的考勤系统可以在师生入校时实现无感式的人脸识别和出入校统计；基于摄像头的电子围栏技术可以 24 小时监测重点区域是否有人闯入；加装在教室、宿舍、食堂、图书馆等场所的摄像头可以实现全员快速测温以及人员登记，满足校园疫情防控需要；人工智能系统也可以利用摄像头实现紧急事件（如校内打架行为、火情等）的及时监控和预警，提升安全事件的应急报告、协同处置、追踪溯源能力；来自不同终端的数据（如教室的使用状态、水电等后勤资源使用情况、校内人员统计等）以及智慧教室中产生的各种教学资源（如教师的常态化录播视频等）也可以汇总到部署在校内的数据中心，可视化窗口可以以图形界面清晰、直观、全面地呈现各类教育统计数据，供管理人员监看整体学校的运行情况，大幅度提高管理决策的精准性和即时性。这些多渠道感知和数据整合场景，更需要在靠近物联网和多媒体网络设备的边缘侧部署边缘计算系统，对数据进行预处理和分析，从而降低整个校内数据传输对带宽和性能的要求，如图 1-2 所示。

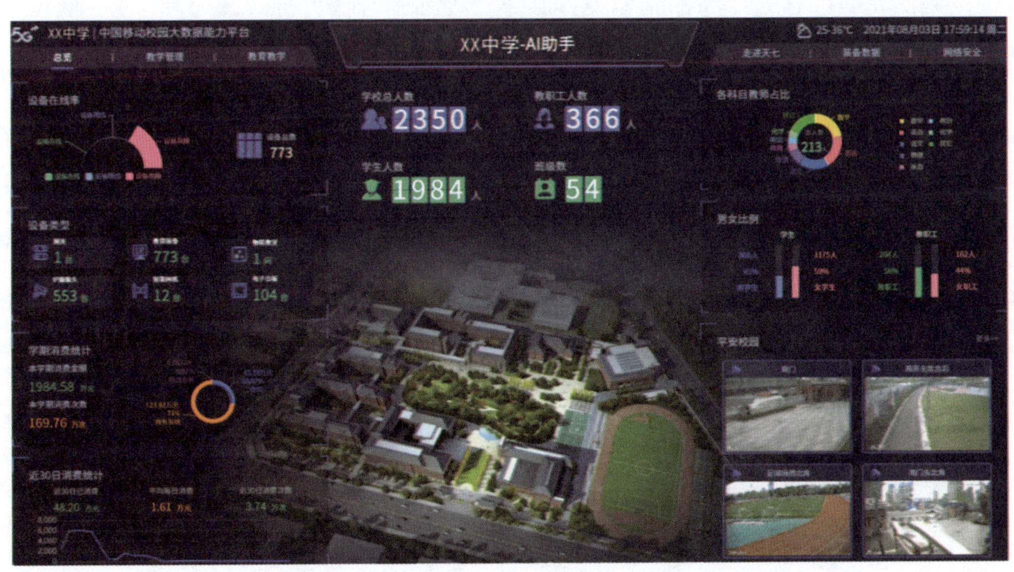

图1-2 某中学基于物联网和边缘计算技术打造的校园大数据平台

对于智慧校园建设，边缘计算的另一价值是可以充分发挥整合优势，将校园内来自不同环境、不同架构、不同厂家的各类软硬件终端并入统一架构，建设统一管理、统一数据、统一权限、统一应用的综合智能应用生态链，建立数据交互通道，赋能管理权限，从而实现基于统一网络的集中式、一体式管理和跨应用联动，缓解传统信息化建设中应用分散、入口繁杂、数据孤岛等问题。而随着智慧校园建设的推进，边缘计算也可以十分便利地将未来出现的新需求、新应用、新空间纳入原有的信息化网络中，以模块化的形式进行添加改造，体现出更高的系统灵活度和升级上的便利性，充分契合教育新基建集约高效的内在要求。

1.2.3 教育数据中心建设

数据是智慧教育的根本，对于教育高质量发展来说至关重要。在教育新基建推进中，构建新型数据中心是一项重要任务。

新型数据中心的建设既要立足当下，通过技术升级提升其在大数据、云计算等基础环境方面的承载能力，支撑各类教育教学数据的汇聚与存储；还要面向未来，考虑今后教育应用系统的技术发展需求，重视存储和算力资源建设，通过教育专网整合教育系统内的相关资源，构建新型数据中心运行体系①。

结合《指导意见》中“支持省级教育行政部门通过混合云模式建设教育云，为本地区教育机构提供便捷可靠的计算存储和灾备服务。规划整合教育行政部门和学校‘低小散旧’的数据中心，不鼓励县级教育行政部门和中小学校建设数据中心”的具体要求，可以利用“云—边”协同模式打造省市级教育数据中心和运行体系。在省市级层面，充分发挥云计算和云存储优势，强化算力和存储承载，满足整体区域数据采集、动态监测、涉密管理的需要，突出教育统计、教育决策和资源应用支持的功能；而在区县级教育行政部门和中小学校，着力提升边缘侧计算和服务能力，以增建或改造原有“低小散旧”的数据中心的形式将其升级为整个教育数据网络中的边缘节点，同时制定相关管理标准，对每一类数据如何采集、如何上传、如何存储、如何使用等进行明确规定，从而实现教育数据、教育资源、教育服务的一体化管理、层级化管理，进而提高教育管理的精准性和科学性。

利用“云—边”协同模式建设省市级教育数据中心和数据网络有如下优势。

① 杨宗凯. 教育新基建：高质量教育体系的支撑力量 [M]. 北京：科学出版社，2021.

第一，可以将整个省市级的教育数据进行整合，避免数据孤岛。

第二，中小学校和区县级教育行政部门作为整个系统的边缘节点，同样具有一定的运算服务能力，可用于满足本学校和本区域的特定和个性化需求，也不需要将全部数据（如师生日常的教学行为数据等）上传到更高层级的数据中心，从而降低网络传输压力，提高响应速度。

第三，结合边缘计算自组织、可定义的特点，原有的"低小散旧"的数据中心可以被重新组织到新的数据网络中，新增机构或节点也可以通过模块化的形式进行添加，避免资源浪费，节约教育经费投入。

1.2.4　"互联网＋教育"平台应用

边缘计算及"云—边"协同模式还可以服务于"互联网＋教育"平台的高效应用，助力学校的智慧化转型。《指导意见》中提出要推动各级各类教育平台融合发展，构建互联互通、应用齐备、协同服务的"互联网＋教育"大平台。但在实际的运行中，过大的用户数量、资源数量和应用数量势必会导致数据量激增、传输压力变大、响应速度变慢。此时，可以在学校内部署算力和存储，或在靠近学校的区域内部署边缘节点，并与平台对接，形成"云—边—端"的层级网络。在具体的操作上，平台或教师可以根据教学进度将可能需要使用的教学资源和应用工具预先发送和缓存在学校内部或学校所处区域的边缘服务器上，教师在上课时可以通过更短的网络路径获取资源和调用工具，产生的教与学数据也可以直接在边缘服务器进行处理，从而提高系统效率，优化学习体验。

1.2.5　校际合作和集团化办学

校际合作和集团化办学是边缘计算及"云—边"协同模式的又一应用场景。从实施模式来看，校际合作和集团化办学突出了教育资源、教育数据、教育应用之间的共享。与单纯依靠云端服务器的解决方案相比，将处于合作网络和办学网络内部的每一所学校打造为一体化办学体系内的边缘节点，一方面可以确保各个边缘节点和更上一层的云存储、云平台之间的互联互通，从而带来资源共建、共用以及数据的全面采集和动态监控，实现一体化的管理和发展；另一方面在一定程度上保证了各边缘节点的快速响应和灵活性，以适应每所学校相对个性化的教学需要，这也是边缘计算及"云—边"协同模式的独有优势。

1.3 边缘计算技术优势

边缘计算及“云—边”协同模式为万物互联和人工智能时代的数据处理和快速响应提供了新的技术解决方案，在教育领域，边缘计算的优势和价值主要体现以下三点。

1.3.1 强化教育新基建网络基础，保障智慧教育高质量运行

边缘计算以更高的系统效率、更低的网络时延、更好的系统兼容性为教育新基建搭建了强有力的网络基础。无论是国家级、区域级的教育专网建设，还是不同层次的教育数据平台和数据中心建设，甚至是智慧校园和智慧教室的全面部署，都需要边缘计算的参与。

边缘计算是保障智慧教学高效运行的前提。当前，人们对教育的期待从标准化的、供给驱动的学校教育变为更加灵活的、满足个性化需求的终身教育。智慧教育的发展需要兼顾规模化教育与个性化培养，这一目标的达成建立在对数据的科学获取、传输与解读的基础之上。对场所内各类终端设备产生的海量数据进行快速、实时处理，是智慧教学环境具备的共同特征，但这种传统的云计算模式在满足上述需求的同时容易出现带宽不足、网络拥堵等问题，进而影响数据上传和回传的效率，对系统实时响应带来了很大挑战。而借助边缘计算，在靠近设备的边缘侧部署算力，可以用更短的路径和专属的存储、运算能力完成大部分数据的处理，避免系统的卡顿和运行不畅，确保系统响应的即时性，保障智慧教学系统的高效运转，进一步提升教师和学生的体验效果。

边缘计算及“云—边”协同模式所带来的算力提升也为智能教学分析的进一步细化提供了保障。以此为基础，教师可以更好地识别可能存在学习困难或学习风险的学生并提供针对性的帮助，也可以发现不同学生在学习习惯、学习风格上的差异并提供相应的解决方案，从而实现更高维度的个性化。

1.3.2 提高信息化系统部署的灵活度和性价比，实现集约高效发展

边缘计算不仅带来了更快的响应速度和数据处理速度，还带来了部署上的灵活性和个性化。将主要工作放在边缘网络（边缘节点）的建设上而不是大规模的信息化系统改造或重建上，甚至可以将原有的零散系统重新做一体化整合，这就使得机构和学校能够更加便捷地以相对可控的成本实现梯度化改造和迭代升级，避免“过度建设”和“重复建设”，

还能够有效应对不断涌现的新的教育需求和技术更新，实现教育新基建的集约高效发展。

以智慧校园建设为例，随着智慧教学环境在校园中的不断渗透以及各类智能终端的引入，如果全部依靠云计算以及部署在校内的云服务器，那么就需要尽可能增强云服务器的容量以应对日益增多的数据量，同时需要拓宽设备与服务器之间的网络通路，提高数据传输速度。但是，对于学校来说，对信息化系统进行升级并不是一件简单的事情，不同型号、不同年代的服务器也可能存在不兼容的问题，这会带来较大的投入和维护成本。此外，校园内部的智能终端并不是时时刻刻在运转的，信息化系统也需要根据不同需求而针对性地做出调整，不在云服务器容量方面做扩展容易出现资源的浪费。在这种情况下，结合边缘计算自组织、可定义、可调度的独特优势，在靠近终端设备的边缘侧部署存储和算力，既可以满足设备本身的需要，确保高效运转，而不需要过多增加云服务器的容量，也可以更加灵活地部署各类设备，满足不同的使用需求，提高校内信息化建设的便捷性，性价比更高。

1.3.3　提升教育数据安全性和隐私性，防范伦理与社会问题

在智慧教学环境中，教与学的数据被大量采集，其中很多都涉及教师和学生的身份信息、行为信息、人脸信息等高度敏感的个人信息。例如，基于人工智能的教学行为分析系统，对教师和学生在课堂中的行为进行全时段、多角度的采集。无论是感知学生的情绪变化，还是实时分析学生的专注力与视线变化，其依据均是每位学生每分钟内高达上千张的人脸影像。这些数据被上传到云端后，一旦出现管理不善或被盗用，将造成极大的安全和隐私隐患。在这种情况下，采用边缘计算，将这部分数据存储到校内甚至是班级内部的边缘服务器上，一方面提高了系统的响应速度和处理效率，另一方面以本地化存储的方式提升了教育数据的安全性和隐私性。

1.4　发展过程中可能存在的问题及解决办法

虽然边缘计算及“云—边”协同模式的系统优势十分明显，但在具体的应用中，会面临如下潜在风险，这些风险需要系统开发者及教育领域的使用者正视并有效应对。

1.4.1　边缘侧的数据安全问题

虽然边缘计算避免了将敏感数据传输到云端，一定程度上解决了云服务器信息泄露引

发的系列问题，降低了隐私泄露风险，但是并不意味着数据绝对安全。与云计算的解决方案不同，边缘计算的数据安全风险多发生在边缘节点，或是终端设备到边缘节点（边缘服务器）的网络中。对于教育机构来说，其往往会根据业务需求部署多个边缘节点，以此来提高运行效率，如在不同的智慧教室和人工智能实验室各自配置边缘服务器。然而，边缘节点的增多也会导致其被侵入或破解的概率增加，场所内部的使用人员（多为一线教师而非专门的技术人员）不了解边缘侧的数据使用规范（如对未脱敏的原始数据进行复制）会进一步提升这类风险。智慧教育的发展不仅要关注效率的提高，还要关注技术应用的安全，从而促进教育与技术的健康发展。

为了解决边缘侧可能带来的数据安全问题，一方面，系统运维人员要进一步提高边缘节点的安全等级，更新加密算法和环境搭建，从底层优化安全部署；另一方面，系统的使用者要加强技术培训和数据安全意识，机构内部要形成明确的数据使用和隐私伦理规范，对关键信息进行脱敏处理，并细化不同人员的数据获取和使用权限，防止出现数据流失和不规范使用现象。

1.4.2 设备选型和运行维护问题

边缘计算的部署具有灵活性，可以根据实际需要在不同空间内增加或调整边缘节点以满足新的使用需求，但也面临着软硬件选型和系统整合上的难点。虽然不同架构的产品都有可能被纳入边缘计算或“云—边”协同系统，但仍然会出现性能无法得到最大化发挥、兼容性不够高等问题，产生资源和经费的浪费，甚至形成数据和信息的孤岛。同时，边缘计算系统的后期维护和迭代管理应用也需要更高的技术支持和更多的时间、经济投入。这就要求教育机构在部署边缘计算系统或“云—边”协同系统时要更加了解不同技术解决方案的特点、优势，评估解决方案的实用性、适用性和科学性，使其既能满足业务要求和性能要求，也要考虑不同软硬件之间的协同配合与兼容性，为后续升级和扩展做准备。

1.4.3 新产生的教育不公平问题

从某些层面来说，边缘计算可以看作物联网和人工智能的一个重要技术基础。要想让身边的各类终端拥有智能，就需要赋予其相应的计算处理能力，使其能够与人和环境进行实时交互，边缘计算无疑是实现这一需求的有效途径。而物联网和人工智能在不断融入教育领域的过程中，在不同区域甚至机构间会产生新的教育不公平问题。

边缘计算及其所支持的智慧教室、人工智能实验室、增强 / 虚拟现实实验室、智慧校园等的部署与建设均需要不小的经济和人员投入。当前，边缘计算更多应用于经济发达地区或条件相对较好的学校，会进一步拉大教育差距。这要求相关教育主管部门和教育管理者在引入新技术时需考虑教育均衡的问题，从省市级层面整体规划边缘计算及“云—边”协同模式的教育应用。

1.5 未来发展与展望

边缘计算满足了万物互联和人工智能时代对更大的数据量、更快的数据处理效率、更低的系统延迟、更高的实时反馈速度的迫切需求。随着智能化终端设备和人工智能的进一步发展，边缘计算将得到持续的应用和推广。教育领域中边缘计算的发展趋势，大体可以总结为如下几点。

1.5.1 “云—边”协同模式将成为新的解决途径

“云—边”协同模式将逐渐成为校内、校际和区域教育网络部署的主流模式，是教育领域网络、平台、资源、校园、应用和安全新基建的重要组成部分。教育的智慧化需要更高的数据处理效率和更快的系统响应速度。教学、管理、教研等各个方面都需要智慧化手段的介入。

与目前使用较多的“单一云”服务器和本地化服务器解决方案相比，“云—边”协同模式通过增加网络层级、拓展边缘节点的方式，让信息化部署在算力、性能、带宽以及部署的灵活度上都有了较大提升，能够较好地支持智慧教育中的各类新需求。随着教育信息化 2.0 的不断推进，“云”与“边”的融合会得到进一步加强，“云—边”协同模式和层级会更加丰富和细化，并将成为校内、校际和区域网络部署的主流选择。

1.5.2 “云—边”协同模式将进一步提升教育智能化程度

边缘计算的自主化程度将得到加强，并进一步提升整个教育信息化系统的智能化和自主化程度。就物联网发展的三个阶段（互联阶段—智能阶段—自主阶段）而言，目前教育领域所搭建的网络系统和引入的智能终端设备，重点解决了前两个阶段（即互联阶段和智能阶段）的问题，既让各类设备和各类数据得以联通，又赋予网络和设备一定的智能属性，使其能做出相对智能的决策。下一阶段将重点解决第三阶段（即自主阶段）的提升问题。教育系统是一个高度复杂的系统，单一的教学环境中存在着多重要素交织现象，并共同影响着教师的教和学生的学，而学校是由多个这样的教学环境构成的。在这样的情景下，已经部署的信息化系统能否适应不断变化的教学情景和教育问题就变得十分关键。做到自主化调整，采用自适应的方式不断优化教学场景中的算力分配和算法升级，主动发现教育工作者日常发现不了、关注不到的特异值并给出反馈，就意味着可以最大限度地发挥信息化系统优势，取得更好的人机协同效果。

从边缘计算技术的发展趋势来说，需要进一步关注其智能化的演变，增强边缘计算设备和终端的自主学习能力，以算法等方式支持在边缘阶段开展边缘重训练和自主化的机器学习（auto machine learning），从而满足不断变化的教育需求，进而在架构层面实现边缘计算和人工智能（AI）的深度融合。

1.5.3 边缘计算将成为教育服务的重要组成部分

边缘计算的优势在于其在部署、升级、迭代方面的灵活性和个性化，与之而来的是对规划和后期维护的高技术要求。随着边缘计算的逐渐推广，面向学校和教育机构的边缘计算服务市场也将进一步扩展。从初期的提供解决方案，到中期的设备安装组网、人员培训和定期检查，再到后期的维护升级，更多的学校和教育机构会以外包的形式寻求专门的技术公司开展服务。边缘作为服务（edge as a service）的理念和模式也将逐步被学校和教育机构接受，并与教具、课程、培训等一起成为重要的教育服务类型。

与之对应的，市场中将出现一系列专为教育领域服务的边缘计算供应商。对于这部分企业来说，如何进一步完善“云—边”协同模式的架构、提升系统性能和效率，如何将边缘计算与教育场景更好地融合、真正解决教育问题，是下一步需要思考和探索的问题。

教育管理部门可以适时出台基于边缘计算和“云—边”协同模式的教育网络标准，防止不同设备供应商、服务供应商标准不统一导致的信息孤岛、数据孤岛，为区域级甚至国家级的教育专网建立标准基础。

1.5.4 边缘计算与其他新技术将进一步深入融合

智慧教育重在融合创新，新技术间的融合将为教育变革提供新动力。边缘计算作为一种在网络边缘执行计算的新型计算模型，更侧重于网络和信息化系统的部署方式。

边缘计算与其他新技术融合时，会进一步提升生产力。例如，边缘计算可以与5G、WiFi 6等新型通信技术融合，强化网络资源的灵活调配，建设智慧校园网络，进一步提高系统运行速度，有效应对系统中各类突发需求；边缘计算也可以与区块链进行融合，利用区块链的特殊性提升不同边缘节点之间的协同性和安全性，这在教育数据的留存、传输和确保真实性、隐秘性上也有着巨大的应用前景。

未来，还需要更多地探索边缘计算与其他新兴技术的融合点，并结合教育场景分析其应用价值，为边缘计算的进一步发展和教育创新注入活力。

第2章 人工智能实验教学

2.1 人工智能实验教学育人目标

人工智能是引领新一轮科技革命和产业变革的重要驱动力，正深刻改变着人们的生产、生活、学习方式，推动人类社会迎来人机协同、跨界融合、共创分享的智能时代。把握全球人工智能发展态势，找准突破口和主攻方向，培养大批具有创新能力和合作精神的人工智能高端人才，是教育的重要使命。

2.1.1 人工智能教育政策背景

2017 年国务院发布的《新一代人工智能发展规划》中首次提出实施全民智能教育项目，在中小学阶段设置人工智能相关课程。人工智能人才培养的重要性被提升到国家战略层面。

《普通高中信息技术课程标准（2017 年版）》[①]（以下简称新课标）于 2017 年正式发布并实行，将人工智能知识体系加入普通高中信息技术课程必修模块和选择性必修模块。《义务教育信息科技课程标准（2022 年版）》也将人工智能及其相关知识作为重要知识板块列入其中。两个课程标准落实并确定了人工智能教育在中小学的普及和特色发展具体方式，将为我国人工智能人才储备提供坚实基础。目前，已经有部分省市陆续发布人工智能发展规划和人工智能教育政策细则。

2.1.2 人工智能实验教学的意义

从学科角度来看，人工智能是一门交叉学科并具有实验科学属性，研究领域包括计算机视觉与感知智能、机器学习与计算智能、认知计算与类脑智能、无人系统与群体智

① 中华人民共和国教育部. 普通高中信息技术课程标准（2017 年版）[M]. 北京：人民教育出版社，2018.

能、人机共融与智能控制，以及包括智慧医疗、智慧交通在内的“人工智能 +X”等。人工智能算法和应用技术需要在“人工智能 +X”具体应用场景中被使用才能得以发挥和体现。

为保障国家对人工智能原始性创新人才培养的战略目标，中小学生学习人工智能应采用实验教学的方法，在学习理论知识的同时进行验证性实验和项目应用实践，在学以致用的过程中，理解人工智能对社会发展的重要意义，从而增强学生对人工智能的认知水平和掌握程度。

2019 年，高中信息技术教科书由国家教材委员会专家委员会审核通过并陆续进入高中课堂，包含人教中图版、浙教版、粤教版、沪教版、教科版共 5 个版本的普通高中人工智能初步教科书。各版本教材落实了新课标中理论与实践并重的指导精神，在知识体系上采用实验教学的方法进行构建。例如，人教中图版、浙教版教科书分别设置了算法讲解与验证、应用技术与场景知识理解与实践的板块，沪教版和粤教版教科书则以人工智能应用场景应用案例为承载，展开对算法和技术的讲解。这样可以让学生在验证人工智能算法、实践人工智能应用案例的过程中习得知识，在习得中实现自主创新。

但在实际的教学中，算法实验没有配备相应的人工智能算力加速设备，缺乏配置算法实验环境（包括实验数据来源、软件、算法库）的操作指导，缺乏人工智能应用案例的实施方案指导和实验工具与器材，导致人工智能实验教学困难重重。教师急需与人工智能教学配套的实验指导方案来辅助完成教学任务。同时，学校应配备人工智能实验装备的标准和人工智能实验室的建设标准均需要明确给以指导和规范。

2.2 人工智能实验教学育人价值

基础教育阶段人工智能的学科核心素养主要体现为由信息意识、计算思维、数字化学习与创新、信息社会责任四个核心要素组成。它们是学生在接受信息技术教育过程中逐步形成的信息技术知识与技能、过程与方法、情感态度与价值观的综合表现。四个核心要素互相支持、互相渗透，共同促进学生信息素养的提升，而人工智能实验教学正是培育学生信息素养的实践地。

人工智能作为影响社会方方面面的颠覆性技术，会对学生的生活与学习产生重大影响。在居家生活、参观旅游、娱乐交际等活动中，学生随时处于人工智能系统与产品的环境中。

在学习中，学生利用智能在线学习平台，在智能学伴、智能导师的协助下可以完成自主学习、体验学习、合作学习、探究学习等活动。在人工智能教育方面，进入生活的人工智能必定会引发人们产生新鲜、好奇、激动、渴望、排斥等复杂的心理活动，进行人工智能教育的场所需要主动引导学生积极学习人工智能相关知识。

2.2.1 道德、伦理和责任的素养

小学生需要知道人工智能工具和机器操作不当可能会伤害他人，应该担当起合理选择人工智能工具和机器的责任，并能识别对人工智能技术的误用。初中生需要知道，人工智能技术并非人人都可取用，应承担滥用带来的风险和责任，并加强使用它们带来的积极影响。高中生需要加深思想深度，理解人工智能技术从一个社会转移到另一个社会是复杂的，并要考虑不道德使用该技术引发的后果。

2.2.2 选择和使用人工智能工具的素养

小学生需要知道不同的人工智能工具有不同的用途，应用在不同的产品中，采用不同的人工智能技术。初中生可以按功能分类，选择合适的实现某种功能的应用。高中生能够使用各种各样的人工智能工具，可以分析使用这些工具的原因，并能够实现复杂的人工智能应用。

2.2.3 系统思维的素养

小学生能够意识到生活中的人工智能系统、子系统、组建和边界，并构建完成特定目标的简单系统。初中生应该能够描述系统的目标、输入、输出和过程。高中生应该理解系统之间的嵌入逻辑和嵌入关系，使用模型进行预测，重新设计复杂的系统以提高效率。

2.3 人工智能实验教学解决方案

新课标和《普通高中课程方案（2017 年版）》（以下简称新课程方案），关于实验和条件保障的要求非常清晰和明确。新课程方案增设“条件保障”专题模块，指出“普通高中课程实施是一个系统工程，各地应根据普通高中课程实施的需要，因地制宜制定相应的政策，提供有利的条件保障”。具体措施分为三项，分别是“加强教师队伍建设”“加强教学

设施建设”和“加强经费保障”。新课标专门有一节内容具体细化新课程方案中“加强教学设施建设”的要求，即“对于信息技术课程而言，必要的基础设施、基本设备是课程实施的物质基础。普通高中学校要根据学生人数的多少、教学课时的需求，设立能满足各模块教学需要的信息技术教室和信息技术实验室，配备数量合理、配置适当的计算机和相应的实验设备，并配备满足各模块教学需要的软件及网络设施”。不难看出，实验室建设需要整体设计，一线教学需要相对完整的软硬件解决方案；而且根据物理和化学学科的经验，要想有效开展实验教学，配套的实验指导手册是必不可少的。

2.3.1 普通高中教育实验教学解决方案和应用

2.3.1.1 普通高中人工智能实验指导用书

《普通高中教科书信息技术人工智能配套实验指导用书》[①]（以下简称实验指导用书）（见图 2-1）由高中信息技术课标组核心成员、人教中图版高中信息技术教材总主编樊磊担任主编，人民教育出版社《普通高中教科书信息技术人工智能初步教师教学用书》编委曾维义担任执行主编，与人教中图版高中信息技术教材完全匹配，是国内首套与高中新课标教材一脉相承的实验指导用书。此套教材针对高中新课标实验教学中实验项目、实验用书、师资队伍等关键因素进行了有效补充，有助于高中阶段师生开展信息技术与人工智能实验的教与学。

图2-1 实验指导用书

与此同时，实验指导用书还适配新课标各版本教材（见图 2-2），选定《普通高中教科书 信息技术》（必修 1、必修 2）中的 4 个人工智能实验、《普通高中教科书 信息技术》（选择性必修 4 人工智能初步）中的 5 个算法实现实验和 5 个应用案例实验，基本实现了对高中信息技术人工智能实验的全覆盖。

实验指导用书总共 14 节，包括 12 节基础实验和 2 节扩展实验，涵盖了爬虫、搜索、机器学习、计算机视觉、自然语言处理等多项技术。实验指导用书的编写经过研究人员的悉心编排，对内容和人工智能基础要点做了完备的梳理。书中的教学课程按表 2-1 所示顺序排布。

① 樊磊，梁森山．普通高中教科书信息技术人工智能配套实验指导用书 [M]. 北京：中国地图出版社，2021.

图2-2 信息技术新课标各版本教材

表 2-1 实验指导用书教学课程排布

第一部分：必修课实验	
实验1	数据获取与可视化——网络爬虫词云展示
实验2	环境感知与智能控制——智能灌溉
实验3	语音识别——诗词机器人
实验4	图像识别——形状与颜色
第二部分：人工智能算法实验	
实验5	启发式搜索——迷宫寻路
实验6	回归算法——蛋糕价格预测
实验7	决策树——选个好瓜
实验8	K-均值——比赛队伍分档
实验9	卷积神经网络——Cifar-10
第三部分：人工智能项目案例	
实验10	强化学习——智能救援
实验11	机器视觉应用——智能门禁
实验12	深度学习应用——智能分拣机
实验13	自然语言处理应用——智能垃圾桶
实验14	综合应用——无人驾驶智能车

实验指导用书根据信息技术新课标的精神进行了课程重组，第一部分主要让学生体验一些简单的爬虫和用到硬件的综合实验。例如实验 1，人工智能研究需要大量的数据作为基础，因此，获取数据的方法非常关键。在一些允许获取文字、图片等元素的网站中，我们可以通过爬虫技术将数据从网页上扒取下来，并保存为文件进行使用。第二部分让学生

开始认识简单的人工智能相关算法，包括搜索算法、回归算法、决策树、K-均值等，以及简单神经网络的应用。在学生对数据、算法有了一定了解之后，该书会讲授综合实验。第三部分中的实验包括机器视觉、深度学习、自然语言处理等的应用，这些实验需要学生动手解决出现在生活、物流等实际场景中的问题。学生需要通过调整硬件设备、实验参数和训练模型，并经过不断解决问题和思考问题的过程，实现实验案例。在校教师可以根据学生调整的情况为学生的表现进行打分。这起到了锻炼学生动手能力、思维能力、深度思考能力的作用，与国务院发布的《新一代人工智能发展规划》中关于原始性创新人才培养的目标高度契合。

2.3.1.2 普通高中人工智能实验学习平台

实验指导用书涉及的人工智能实验案例需要软件的支持，因此，与实验指导用书高度贴合的人工智能实验学习平台应运而生，如图 2-3 所示。

图2-3 威盛人工智能实验学习平台

人工智能实验学习平台承载了与实验指导用书深度贴合的课程案例，该平台包含基础知识、搜索技术、机器学习、计算机视觉、自然语言处理等实验案例，同时内置了 Jupyter Notebook 实验环境供学生使用。为了方便学生学习，该平台已预装 Keras、OpenCV、Scikit-Learn、Pandas、Numpy、Matplotlib 等 130 余种信息技术教材中涉及的 Python 库，让学生能够在安全的环境中自由发散自己的思维，在平台中开发程序。如实验指导用书中的实验 8：K-均值——比赛队伍分档，在平台中对应的就是机器学习——K-均值案例，使用 soccer 数据集进行聚类分析，与实验指导用书中的案例相符合。同时该实验调用 Scikit-Learn、Pandas、Numpy 库进行数据处理，用 Matplotlib 进行画图，这些函数库在平台中已经预置，只需要用 import 语句调用代码块即可，如图 2-4 和图 2-5 所示。

```python
from sklearn.cluster import KMeans
from sklearn import preprocessing
import pandas as pd
import numpy as np
from matplotlib import pyplot as plt


# 输入数据
data = pd.read_csv('soccer2.csv', encoding='utf8')
X = data.iloc[:,1:3].values

# 规范化到 (0,1) 空间
min_max_scaler = preprocessing.MinMaxScaler()
X3 = min_max_scaler.fit_transform(X)

pd.DataFrame(X3).to_csv('X3.csv',index=0)

# kmeans 算法
K = 3
kmeans = KMeans(n_clusters=K)
cluster = kmeans.fit(X3)
predict_y = kmeans.predict(X3)

# 获取聚类质心中心点
centers = kmeans.cluster_centers_
print(centers)

# 合并聚类结果，插入到原数据中
result = pd.concat((data, pd.DataFrame(predict_y)), axis=1)
```

图2-4 实验指导用书中人工智能实验学习平台（K-均值）

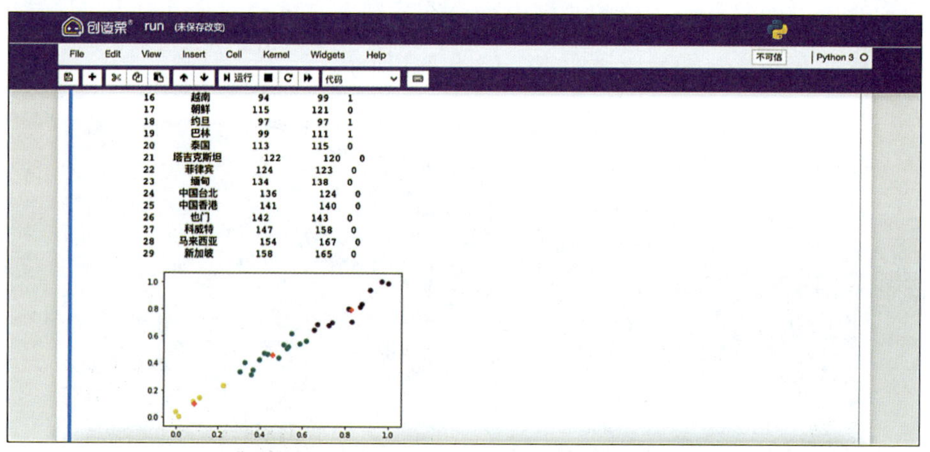

16	越南	94	99	1
17	朝鲜	115	121	0
18	约旦	97	97	1
19	巴林	99	111	1
20	泰国	113	115	0
21	塔吉克斯坦	122	120	0
22	菲律宾	124	123	0
23	缅甸	134	138	0
24	中国台北	136	124	0
25	中国香港	141	140	0
26	也门	142	143	0
27	科威特	147	158	0
28	马来西亚	154	167	0
29	新加坡	158	165	0

图2-5 人工智能实验学习平台实验结果截图（K-均值）

人工智能实验学习平台支持深度神经网络模型开发及各种机器学习的案例应用，在Jupyter Notebook环境下进行CNN等算法模型的训练。该平台的算力可以借助PC本身的配置进行CPU和GPU加速，但是在校园环境中硬件设施的环境大部分不能达到较大训练集算力的支持。因此该平台预置了教材常用的模型训练数据集，让学生可以在有限的条件下体验人工智能模型训练过程。该平台预置的数据集包含鸢尾花iris、西瓜watermalon、手写数字识别MINIST、Cifar-10等数据集。如果有更多的数据集需求，学生也可以自行通过pip指令进行数据集下载。

为了适配多种教学需求，人工智能实验室套装还提供了嵌有处理器芯片的人工智能摄像头，配合人工智能实验平台中的模型训练器可以实现CNN模型训练。对于机器学习方面的图像识别教学场景，希望学生学会收集训练集、划分测试集、认识神经网络、体验模型训练的操作过程。该平台不仅可以让学生学习人工智能相关的理论知识，还能通过实践让学生体会人工智能这项技术所带来的不同。该平台中的 CNN 训练器具备模型训练的基本过程，操作十分简单，只需要使用摄像头拍摄一段物体的视频并上传，拖动 CNN 模型的代码积木块并单击运行，该平台的训练器就会自动将视频按帧分解，训练得到物体的特征，如图 2-6 所示。有了物体的特征，就可以开始进行模型训练了。

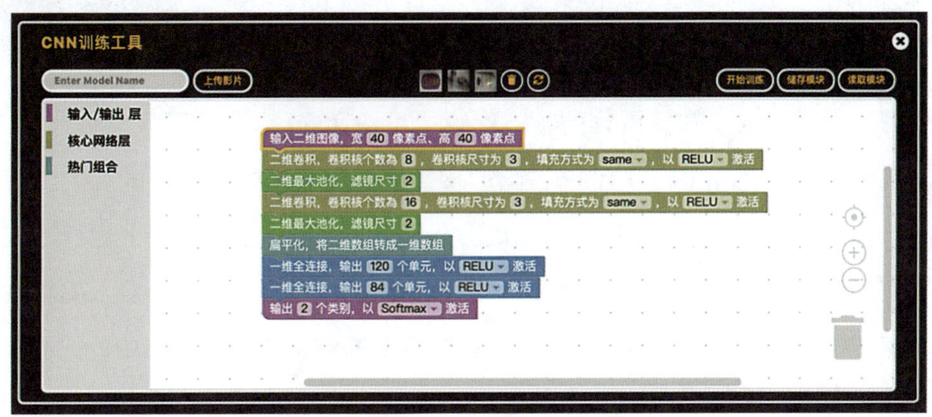

图2-6　人工智能实验教学平台CNN训练器

人工智能实验教学平台内置 Python IDE（见图 2-7），配合人工智能学习终端可以实现与硬件相结合的综合实验案例。Python IDE 已经提前配置，学生和教师不需要对计算机的环境重新配置，只要连上加速终端就可以使用。Python IDE 还预置了大部分机器学习常用的函数库，通过调用库中函数以及硬件设备的库文件，可以实现较为复杂的实验案例，如智能语音垃圾桶、智能分拣机等实验。

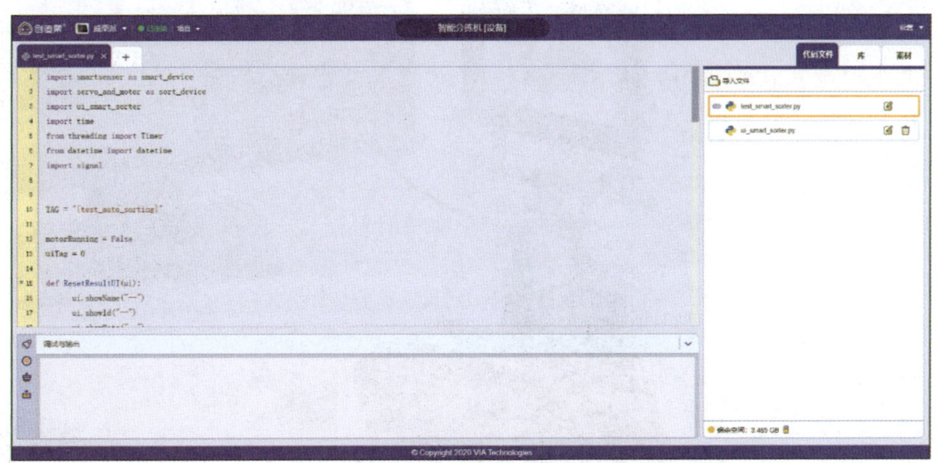

图2-7　人工智能实验教学平台内转上内置Python IDE

2.3.1.3 普通高中人工智能学习终端

图2-8 智能学习终端

人工智能实验教学解决方案中的人工智能学习终端是搭载人工智能系统级芯片，具备独立运算能力，支持原生Python编译，可以运行简单的语音和图像模型的智能学习机（见图2-8）。该终端在处理器方面的能力突出，由于研究人员将麦克风、摄像头、LCD屏幕集成在了该终端上，使得该终端可以支持丰富的教学场景。搭载WM8880芯片的智能学习终端针对人工智能课程的学习配置了可编译的程序语言环境，支持使用C#、Python、图形化等编程方式进行编程。配合人工智能实验平台控制智能学习终端，建立项目，编辑代码，即可让程序在学习终端上运行。

基于实验教学平台中的Python教学环境，学生可以自由地在编译器上编辑代码，体验与硬件相结合的综合实验。内置编译器支持综合实验与实验指导用书中的扩展实验，提供智能分拣机、诗词机器人、智能垃圾桶和无人驾驶智能车四种综合实验案例。如智能分拣机（见图2-9），该实验综合机器学习、计算机视觉等相关知识，通过智能摄像头实时检测物体的种类，将摄像头拍摄的画面和检测框实时显示在智能学习机的LCD屏幕上。学生通过使用人工智能实验平台CNN训练器训练一个相应的模型下载到智能摄像头中，再配合硬件套装，控制电机。这个过程中所有的编译均通过Python IDE和人工智能学习终端完成。

图2-9 智能分拣机使用场景

2.3.2 义务教育阶段解决方案和应用

2.3.2.1 义务教育阶段背景

2018 年，教育部进一步明确，要“构建人工智能多层次教育体系。在中小学阶段引入人工智能普及教育”[①]。《义务教育信息科技课程标准（2022 年版）》进一步明确了人工智能教学内容。

全国各地已经开始探索在义务教育阶段开展人工智能教育，但限于各地基础和条件各不相同，存在缺少智能装备支撑，缺少地方教育行政部门、教育教研部门共同参与的顶层设计等难点和问题。“政产学研用（政策、产业、学校、研究、使用）”的合力尝试，有望推动人工智能教育朝着更加系统化、科学化的方向发展。

2.3.2.2 义务教育阶段人工智能科普分级课程

人工智能学科科普课程主要分为三个级别，如图 2-10 所示。其中，基础级和提高级主要面向义务教育阶段的师生群体，实验级主要面向高中阶段和中职阶段的师生群体。

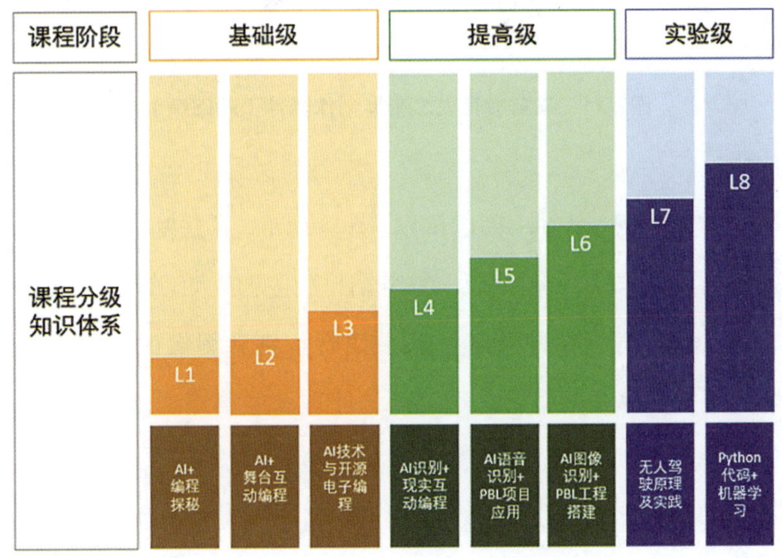

图2-10 人工智能学科科普课程

（1）基础级

本阶段的教学重点为人工智能基础概念、人工智能意识、初阶计算思维、数字化编程与逻辑。以图形化编程和简单的软硬件结合为实现方式，让学生完成人工智能的基础

---

① 教育部 . 教育部关于印发《高等学校人工智能创新行动计划》的通知 教技〔2018〕3 号 . 中华人民共和国教育部，2018.4.02.http://www.moe.gov.cn/srcsite/A16/s7062/201804/t20180410_332722.html.

学习。

通过对本阶段内容的学习，学生应该掌握人工智能的基本概念；了解人工智能常见的应用；能够分解简单问题并通过解决各部分问题从而解决整体问题；利用所学知识实现简单人工智能案例。

例如，通过开源硬件和人工智能硬件结合，使用图形化编程工具了解声控灯和语音控制智能等的区别，并能够完成简单的智能家居——智能语音灯的创作。义务教育人工智能创作套件如图 2-11 所示。

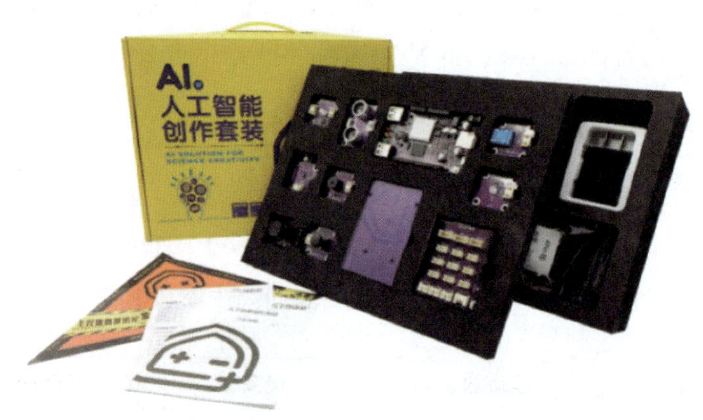

图2-11 义务教育人工智能创作套件（基础级）

（2）提高级

本阶段的教学重点为语音识别、图像识别、计算思维、算法基础、数字化学习与创新。以图形化编程为主要实现方式，对照代码教学，让学生完成人工智能的高级学习。

通过对本阶段内容的学习，学生应该掌握语音识别和图像识别的基本概念、原理和实现流程；了解人工智能算法的概念，理解算法原理和经典算法模型创建的过程；能够理解语音技术和图像技术的基本概念和应用技术；能够根据需求，使用所学人工智能知识进行创新设计和搭建新的作品，解决实际问题；主动利用人工智能软硬件设备开展创新实践活动。

例如，以人工智能图像识别为核心技术的无人驾驶智能车项目，结合机械结构、传感器知识，通过学习人工智能图像识别应用技术完成自动行驶、自动停车、自动避障、路标识别等多项无人驾驶技术，让学生通过动手实践体验无人驾驶技术，理解无人驾驶的概念及要点。义务教育无人驾驶汽车套件如图 2-12 所示。

图2-12　义务教育无人驾驶汽车套件（提高级）

2.3.2.2　义务教育人工智能学习终端

在义务教育阶段学习人工智能需要借助图形化编程、开源硬件、机器人等软硬件来完成理论学习与实践。

义务教育人工智能学习终端硬件部分将 ATmega328P 和威盛系统级芯片进行集成，实现了开源硬件与人工智能的结合，无论是算力还是内存、存储空间都满足中小学生学习人工智能的需要。

义务教育人工智能学习终端（见图 2-13）内置语音识别、图像识别、无人驾驶等相关算法模块，可本地运行，无须网络，结合 Arduino 控制单元，可创作丰富多彩的人工智能案例作品。

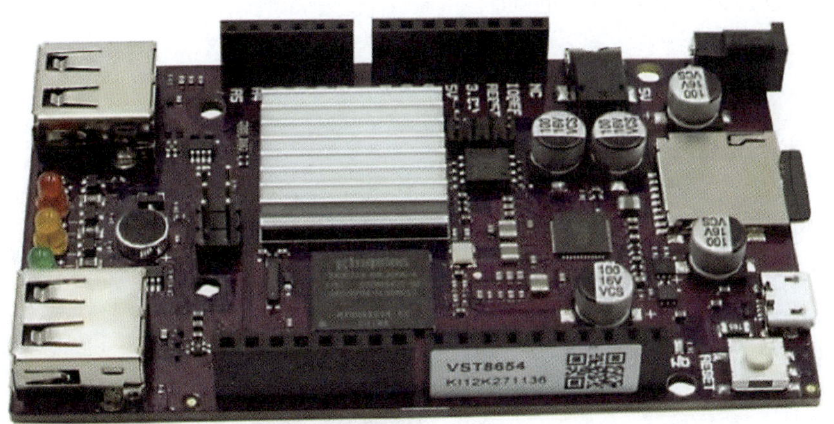

图2-13　义务教育人工智能学习终端

2.3.3 人工智能实验教学环境

2.3.3.1 人工智能加速器

普通高中人工智能学科实验的学习包含搜索算法、机器学习、图像识别、语音识别、自然语言处理等课程内容。学习这些课程往往需要计算机有一定性能的支撑,但校园环境的硬件设施有一定的局限性。因此,需要一台服务器作为计算终端为校园实验环境做技术支持。

人工智能实验箱配套的人工智能计算终端具备一定的算力性能，可以同时支持多台设备进行模型训练，大大减少了在校园环境中学习人工智能的障碍。在人工智能计算终端的帮助下，缩短了模型训练时间，学生可以将更多的精力集中在人工智能理论学习上。以深度学习 Cifar-10 的案例为例，在没有计算终端加速的情况下，15 个人同时并发执行 Cifar-10 程序，训练 14000 多张图片，平均每人需要 15min。配合了人工智能计算终端后，15 人并发执行该程序只要 7~8min。这样不仅缩短了学生模型训练的时间，也给学生留出了体验模型训练过程的时间。

人工智能计算终端（见图 2-14 和图 2-15）内置 Python 原生环境，预装实验指导用书中所有实验案例，强大的 AI 计算能力可以支撑所有的实验教学，使学生的学和教师的教更加顺利。

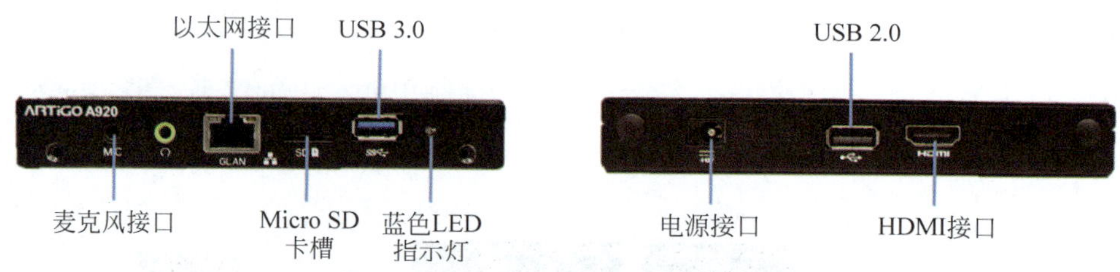

图2-14 人工智能计算终端前、后视图

图2-15 边缘计算服务器

在实验室配置和具体部署方面，为了适配个人家庭、大班教学环境，计算终端有两种不同系列的设备，设置了两种不同的布置方案。第一种方案是“一对一”的“边—端”部署（见图 2-16），一台计算终端专门为 1~2 个用户服务。该计算终端的性能会相对减弱优势是灵活配置，即插即用，根据教学环境的不同可以随时调整配置形式。

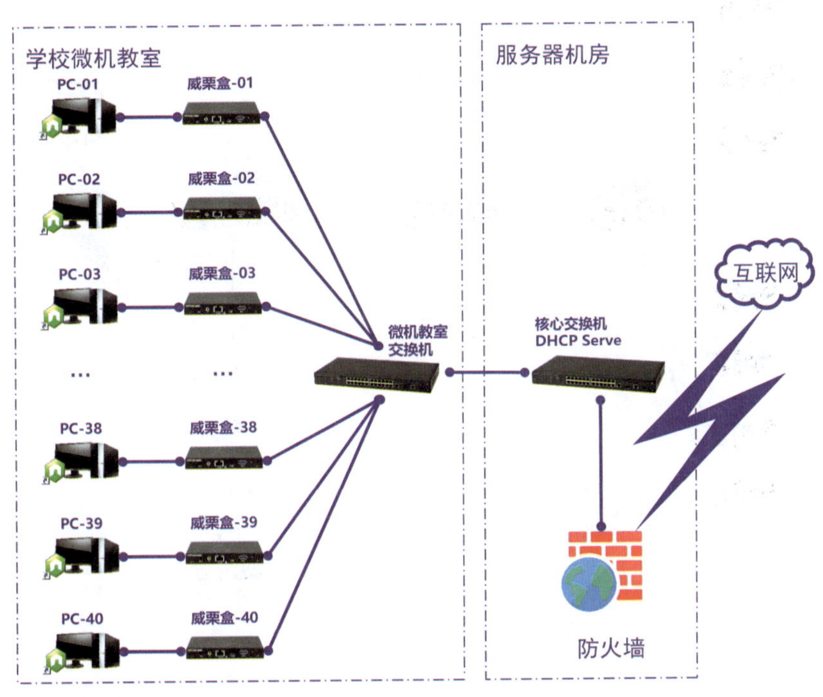

图2-16 “一对一”的“边—端”部署方案示意图

第二种方案是“一对多”的“边—端”部署（见图 2-17），一台计算终端可为多个用户服务。一位教师对多个学生的教学场景中，一台计算终端可同时供 50 人或以下的用户使用，其计算能力约为“一对一”计算终端的 30~50 倍。该配置方案的计算终端相当于一台性能较好的小型计算机。学生计算机可通过 IP 与其连接，调用其 GPU 和 CPU 进行 AI 模型训练。在 25 人并发模型训练的情况下，15000＋ 数据集只需要 7~8min 即可完成训练。

2.3.3.2 基于边缘的部署管理平台

边缘部署管理系统是以教务工作人员系统管理者、教师以及学生为多种用户角色完成教师管理、学生管理、班级管理和课程管理，在不同需求下进行不同操作的功能模块，如图 2-18 所示。该模块采用“云—边—端”的实训环境，解决了许多用户在不同场景下的使用需求，从本来单一的“云—端”方案，增加了能够实现“端—边”的方案，使其适用于需要一定 AI 模型训练算力支持的校园场景。学校可以根据不同的需求场景配置不同的管理系统。

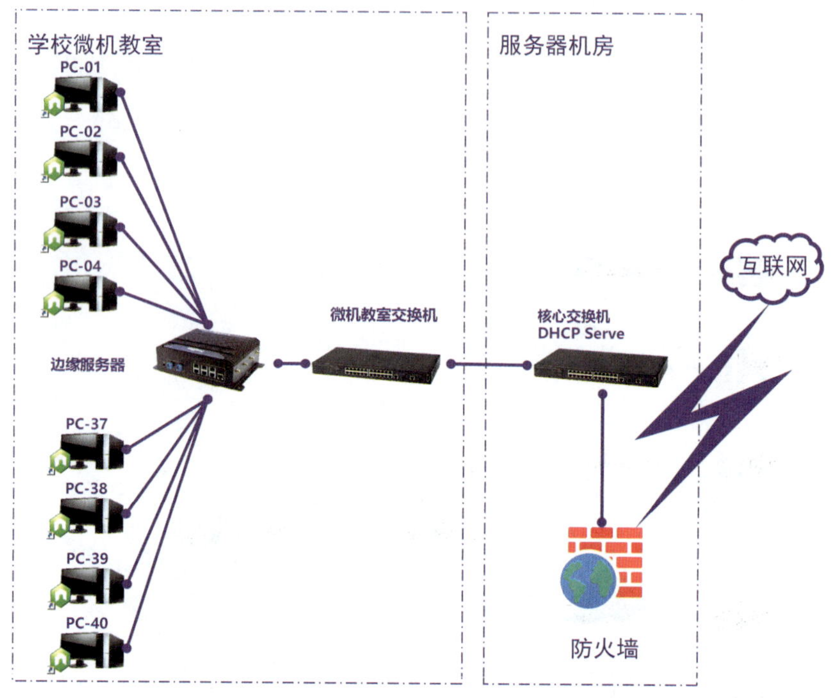

图2-17 “一对多”“边—端”部署方案示意图

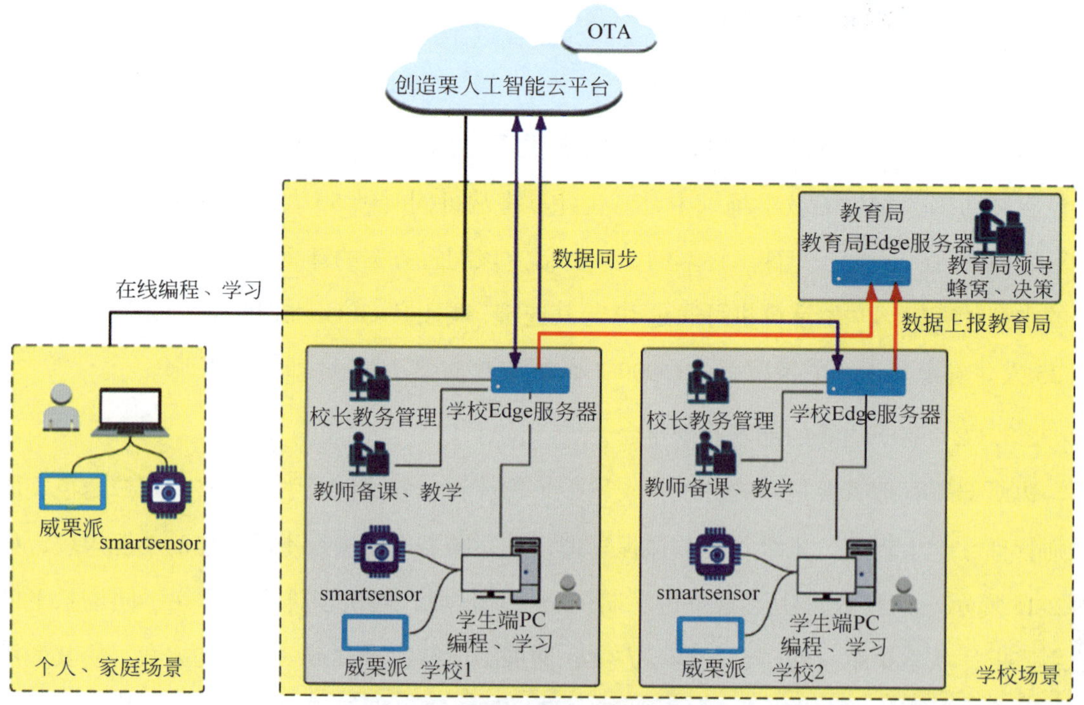

图2-18 基于边缘的部署管理平台

“一对多”的校园大班教学场景是比较常见的需求场景。该场景使用以边缘服务器为边，以学生等用户为端的系统管理模式。通过边缘服务器可以快速配置大班实验环境，并且边缘服务器具备强大的算力，使得在这样的教学环境下AI模型训练的速度得到了大幅提升。基于边缘服务器的学校场景还包括校长端和教育局端的管理页面，校长和教育局管理人员可以看到所在校园情况和学校的课程进度。

边缘服务器具有本地服务和训练功能，同时也可以向远端平台同步用户的数据。使用边缘服务器的教务管理系统有如下优点。

① 学校内部网络数据传输快，教师在校内使用边缘服务器备课、教学，速度快，体验好。

② 上课期间学生同时提交训练任务，会让云端平台的计算力遇到瓶颈，使用边缘服务器在学校本地进行训练，速度更快。

③ 如果学校遇到网络故障不能连入互联网，边缘服务器可以提供服务，不影响教学活动；等到网络恢复正常后，边缘服务器会将数据同步到云端。

④ 如果有在校内未完成的工作，比如教师的备课、学生做编程作业，回到家中登入云端，仍然可以继续进行，无缝衔接，只要网络通达随时随地可以进行。

综上所述，边缘服务器提供完整的本地服务、本地计算力。开通“云校园”后，在网络通达的情况下数据同步到云端平台，让师生在校外也可以继续完成教学工作和学习任务。

2.4 区域推进人工智能实验教学实施规划

2.4.1 项目规划与目标

通过中小学人工智能课程体系建设，师资团队建设，示范校和人工智能实验室、实训基地的创建，推动人工智能与基础教育深度融合，转变思想，因地制宜，构建中小学人工智能教育生态体系，引领人工智能教育研究、人工智能学习空间建设、人工智能师资培训，提升师生信息素养，按照实验示范、应用普及的思路系统地推进基础教育阶段人工智能学科教学的可持续发展。

2.4.2 课程建设与师资培训

为保障人工智能教学的有效开展，针对小学、初中各学段的特点，组织规划分层次、模块化的课程体系，建议主要内容包含人工智能的基本概念和常见应用，人工智能的实现方法，人工智能编程知识，人工智能编程与其他行业或领域的关系及人工智能的伦理、安全与发展。按照学生的认知能力将人工智能课程教学分级进行，在各层级设置相应的教学模块。

根据学段、基础不同，内容各有侧重。小学阶段重在普及人工智能相关知识，图形化编程，开源硬件基础，简单人工智能的实现方法及对与人工智能相关的法律、道德伦理等内容介绍，其目的是让学生对人工智能有初步的接触、了解和体验，能够知道人工智能与人类智能的区别和共性、人工智能技术与自动化技术的区别。具体实施过程中，可将人工智能教育与现有其他学科课程进行有效融合，以人工智能知识普及、游戏化体验、趣味教学手段为主。

初中阶段则是在了解人工智能常见应用技术原理的基础上，让学生能够掌握语音识别、图像识别简单应用技术，完成图形化编程向代码编程基础的过渡，利用人工智能软硬件结合工具，实现简单的人工智能行业场景案例创作。

高中阶段，学生能够熟练使用 Python 语言进行编程，运用算法处理具体问题。具有选择正确数据、设计解决方案、测试并调试算法或人工智能程序，最终能够使用算法或人工智能技术解决复杂问题的能力。

开展广泛的人工智能教师能力提升培训计划，促进教师转变教育思想和观念，掌握现代教育理论，提高人工智能信息技术教师队伍的专业化水平，努力建设一支拥有较强的实践能力、创新能力和教育研究能力的高水平人工智能信息技术教师队伍。针对中小学教师，开发教师培训优质资源，创新教师培训模式和方法，推动人工智能面向基础教育，服务基础教育。针对高中教师，建设高水平人工智能教师团队，教师培训资源的开发坚持多样化、立体化、实际使用和先进创新的原则，充分调动优质资源，促进优质人工智能教育资源共享，保证高质量高水平的要求落到实处。针对不同学段教师的培训课程如表 2-2~ 表 2-4 所示。

表 2-2　人工智能小学 / 入门师资培训课程大纲

<table>
<tr><th>课程板块</th><th colspan="2">课程章节</th><th>课程内容</th></tr>
<tr><td rowspan="5">人工智能软硬件基础</td><td rowspan="3">人工智能概述</td><td>人工智能基础</td><td rowspan="3">本章内容为人工智能基础知识的讲解，主要是通过了解人工智能相关的基础知识对人工智能形成初步的概念，通过体验人工智能科技成果提升对人工智能的认知</td></tr>
<tr><td>人工智能软件编程基础（一）</td></tr>
<tr><td>人工智能软件编程基础（二）</td></tr>
<tr><td rowspan="2">硬件知识</td><td>硬件知识基础（输出类）</td><td rowspan="2">本章内容为硬件知识的讲解，通过学习硬件的知识了解硬件的原理和功能，学习控制方法实现智能控制</td></tr>
<tr><td>硬件知识基础（输入类）</td></tr>
<tr><td rowspan="5">语音基础课程</td><td rowspan="5">语音识别</td><td>语音识别基础</td><td rowspan="5">本章内容为语音相关知识的讲解，通过知识讲解让学生了解ASR/NLP/TTS的原理和功能，了解语音识别在生活中的应用</td></tr>
<tr><td>语音学原理</td></tr>
<tr><td>语音识别实践——语音识别</td></tr>
<tr><td>语音识别实践——语音控制</td></tr>
<tr><td>语音识别实践——声纹识别</td></tr>
<tr><td colspan="4">备注：建议在中小学人工智能实验室开展课程</td></tr>
</table>

表 2-3　人工智能小学初中 / 基础师资培训课程大纲

<table>
<tr><th>课程板块</th><th colspan="2">课程章节</th><th>课程内容</th></tr>
<tr><td rowspan="6">图像识别</td><td rowspan="6">图像识别基础与应用</td><td>图像识别基本原理</td><td rowspan="6">本章内容为图像识别基础知识的讲解，详细学习图像识别的原理和流程，提升对图像识别的了解和认知，课程后半部分通过体验图像识别的应用加强对人工智能的认知</td></tr>
<tr><td>图像识别的流程</td></tr>
<tr><td>图像识别实践——智能门禁</td></tr>
<tr><td>图像识别实践——识色辨路</td></tr>
<tr><td>图像识别实践——智能分拣机</td></tr>
<tr><td>图像识别实践——聪明的小鹿</td></tr>
<tr><td rowspan="6">无人驾驶</td><td rowspan="3">无人驾驶理论基础</td><td>认识无人驾驶</td><td rowspan="3">本章内容为无人驾驶基础知识的讲解，主要是通过了解无人驾驶的系统构成和无人驾驶的5个等级，形成对无人驾驶的初步认识</td></tr>
<tr><td>无人驾驶系统</td></tr>
<tr><td>无人驾驶的分级</td></tr>
<tr><td rowspan="3">无人驾驶理论与实践</td><td>计算机视觉与无人驾驶</td><td rowspan="3">本章内容为人工智能与无人驾驶相关知识的讲解，通过学习计算机视觉的相关内容和深度学习与无人驾驶的关系提升对无人驾驶的认知</td></tr>
<tr><td>深度学习与无人驾驶</td></tr>
<tr><td>无人驾驶车实践</td></tr>
<tr><td colspan="4">备注：建议在中小学人工智能实验室开展课程</td></tr>
</table>

表 2-4　人工智能初高中 / 进阶师资培训课程大纲

<table>
<tr><th>课程板块</th><th colspan="2">课程章节</th><th>课程内容</th></tr>
<tr><td rowspan="4">人工智能基础</td><td rowspan="2">人工智能概述</td><td>自然智能与人工智能</td><td rowspan="4">本章通过具体案例剖析人工智能传统经典算法，了解传统算法的基本实现过程与原理</td></tr>
<tr><td>拥抱智能化时代</td></tr>
<tr><td rowspan="2">搜索算法</td><td>了解盲目搜索——空间状态法</td></tr>
<tr><td>认识启发式搜索——A^*算法</td></tr>
</table>

续表

<table>
<tr><th>课程板块</th><th colspan="2">课程章节</th><th>课程内容</th></tr>
<tr><td rowspan="4">机器学习知识</td><td rowspan="2">分类算法</td><td>分类算法原理基础</td><td rowspan="4">本章内容为机器学习核心算法，主要是通过学习线性回归算法与K-均值算法来了解分类与聚类的区别，并通过使用算法来解决实际生活中的问题</td></tr>
<tr><td>体验线性回归算法——蛋糕价格预测</td></tr>
<tr><td rowspan="2">聚类算法</td><td>聚类算法基础原理</td></tr>
<tr><td>体验K-均值——比赛队伍分档</td></tr>
<tr><td rowspan="4">机器学习应用</td><td rowspan="2">深度学习与神经元网络</td><td>机器学习与深度学习基础</td><td rowspan="4">本章内容为机器学习应用，主要是通过讲解机器学习与深度学习的知识，使学员了解二者之间的关系，通过学习卷积神经网络来进一步了解机器学习中核心的内容，最后通过Cifar-10和智能分拣机两个实验，深度体验卷积神经网络的图像训练过程</td></tr>
<tr><td>卷积神经网络原理与应用</td></tr>
<tr><td rowspan="2">人工智能应用</td><td>人工智能算法应用——卷积神经网络Cifar-10</td></tr>
<tr><td>人工智能图像训练应用——智能分拣机</td></tr>
<tr><td colspan="4">备注：建议在高中人工智能实验室开展课程</td></tr>
</table>

2.4.3 实验室与课程建设配套规划

构建具有通用性、特色性、开放性的人工智能实验室。学校可利用现有条件，新建或升级改造原有的计算机教室，创客、机器人实验室，着力打造融教学内容、教学模式和设施设备为一体的新型人工智能特色教学环境，为师生创造安全、健康、互动、有趣的学习情景，达到激发学生人工智能学习兴趣，提升学生创作能力和动手能力的目的。

人工智能实验室由多媒体系统、基础实验教学硬件、软件实验教学平台、实验指导用书及人工智能实验基础设施组成，是专为学科教学设置，用于学生了解人工智能基础知识、开展编程教育、培养学生设计动手能力的教学实验场景。该场景包含学习活动区、教学工具区、人工智能体验区、无人驾驶体验区、神经网络体验区等区域。学生在实验室中可以深度体验人工智能实验中的课程案例，起到教学与实践相结合的作用。

在人工智能实验室的设施配置方面，针对义务教育阶段和高中阶段不同的教学目标制定了相应的对策。义务教育阶段，人工智能学习以编程基础、体验人工智能、了解“人工智能 +”领域、掌握简单的人工智能实现方法为主。高中阶段，需要学生学会编写 Python 代码、了解人工智能相关算法、创建算法模型、搭建简单的人工智能系统。

各阶段人工智能实验装备与教学功能相对应，如表 2-5 和表 2-6 所示。

表 2-5　义务教育阶段人工智能实验装备与教学功能对照建议表

技术属性	技术名称	载体（装备/平台）名称	教学功能
人工智能基础课程与装备	1. 人工智能编程教育	1. 图形化人工智能编程平台 2. 边缘计算/云计算服务器	1. 了解常见的程序结构 2. 能运用非上机编程套装，进行创意搭建，并实现简单功能 3. 初步了解程序运行的步骤
	2. 开源硬件基础	人工智能入门器材/开源硬件器材	1. 了解软硬件基本操作 2. 掌握硬件的基础知识及软件编程的基本方法 3. 通过案例，培养学生的创新精神
	3. 机器人基础	1. 机器人基础器材 2. 无人驾驶基础器材	1. 了解相关科技科普知识 2. 了解自动控制机器人的基础知识 3. 了解机械结构原理与实践 4. 了解自动控制原理与实践
人工智能核心技术	1. 数据、算力、算法	1. 人工智能编程平台 2. 人工智能基础器材 3. 边缘计算/云计算服务器	1. 了解不同级别算力的作用 2. 了解算法的概念，理解算法的用途 3. 理解数据的概念
	2. 自动化、信息化、智能化	人工智能入门器材/开源硬件器材	能够了解自动化、信息化、智能化的主要区别
	3. 语音识别与语音合成	1. 人工智能基础器材 2. 语音识别实践器材	1. 了解人类听觉语言能力与人工智能语音技术的类比关系 2. 了解语音合成、语音控制等技术的作用，让学生通过动手实践体验，创作简单的语音技术应用作品
	4. 图像识别	1. 人工智能基础套装 2. 图像识别实践器材	1. 了解人类视觉能力与人工智能图像技术的类比关系 2. 了解图像识别技术的作用 3. 学习动物识别、植物识别、人脸识别等图像识别技术模块，通过动手实践体验图像识别技术，创作简单的图像识别技术应用作品
	5. 机器学习	1. 人工智能学习平台 2. 人工智能专属边缘计算服务器	1. 了解机器学习经典算法的作用，理解CNN模型训练的作用 2. 实现自定义图像模型训练及其案例应用

续表

技术属性	技术名称	载体（装备/平台）名称	教学功能
"人工智能+"	1. 人工智能+生活	智慧生活主题套装	1. 通过人工智能应用技术，创作智能台灯、智能窗帘、智能马桶等家居场景相关的案例项目 2. 在实践中体验人工智能对生活带来的改变
	2. 人工智能+学习	智慧校园主题套装	1. 通过人工智能应用技术，创作智能引导员、智能图书索引、智能作业本分类器等学校场景相关的案例项目。 2. 在实践中体验人工智能对生活带来的改变
	3. 人工智能+农业	智慧花园主题套装	1. 通过人工智能应用技术，创作智能花盆、智能滴灌、智能温室等与智能农业相关的案例项目。 2. 在实践中体验人工智能对生活带来的改变

表 2-6　高中阶段人工智能实验装备与教学功能对照建议表

技术属性	技术名称	载体（装备/平台）名称	教学功能
人工智能基础技术	1. 人工智能编程教育	1. 图形化人工智能编程平台 2. Python代码编程平台 3. 边缘计算/云计算服务器	1. 熟练掌握图形化编程，完成人工智能应用技术案例编程 2. 了解Python编程在人工智能技术上的优势和作用 3. 学习图形化编程向Python代码编程的过渡
	2. 数据采集与分析	1. Python代码编程平台 2. 人工智能实验教学平台 3. 边缘计算/云计算服务器	1. 了解数据的概念 2. 学习常用的数据采集方法 3. 了解数据处理分析的基础知识
	3. 人工智能应用基础	创造栗人工智能基础器材	1. 掌握语音识别、图像识别应用技术 2. 能够创作具有人工智能功能的应用案例
人工智能核心技术	1. 人工智能综合运用	1. 图像识别实践器材 2. 语音识别实践器材	1. 围绕语音合成、语音控制、声纹识别等设计任务，让学生通过动手实践，了解和掌握语音识别的过程和原理。

续表

技术属性	技术名称	载体（装备/平台）名称	教学功能
人工智能核心技术	1. 人工智能综合运用	1. 图像识别实践器材 2. 语音识别实践器材	2. 以图像识别原理及技术为核心设计任务，围绕动物识别、植物识别、人脸识别、图像采集与模型建立等多项图像识别技术任务，通过动手实践体验图像识别技术，掌握图像识别的概念及要点
人工智能核心技术	2. 自动驾驶技术运用	无人驾驶智能车进阶器材	1. 以无人驾驶技术为核心设计任务，围绕机械结构、自动行驶、自动避障、自动停车、路标识别等完成多项无人驾驶技术任务 2. 通过动手实践体验无人驾驶技术，理解无人驾驶的概念及特征分类、图像识别、边缘检测等知识
	3. 人工智能经典算法基础	1. 人工智能实验教学平台 2. 人工智能专属边缘计算服务器	1. 了解算法的作用和基本原理 2. 能够复现和验证经典算法，包括线性回归算法、K-均值算法、决策树算法等
	4. 自然语言处理	1. 人工智能实验教学平台 2. 人工智能实验 3. 人工智能专属边缘计算服务器	1. 了解语音技术基本概念，理解语音识别、语音合成、自然语言理解技术硬件与软件工作机制 2. 能够创建、训练语音识别和语音合成的模型 3. 创作具有语音功能的AI行业应用作品
	5. 机器视觉与深度学习	1. 人工智能实验教学平台 2. 人工智能实验箱 3. 人工智能专属边缘计算服务器	1. 了解图像识别与模式识别基本概念，掌握图像识别应用技术，实现图像识别与模式识别技术的案例应用 2. 学习图像数据的采集、训练、建模，能够自定义图像建模 3. 创作具有图像识别功能的AI行业应用作品
“人工智能+”	1. 人工智能+物流	人工智能与智能制物流验箱	智能制造小型仿真教学环境
	2. 人工智能+交通	人工智能与智慧交通实验箱	智慧交通沙盘实景演示
	3. 人工智能+生活	人工智能与智慧生活实验箱	智慧生活情景体验
	4.人工智能+农业	人工智能与智能农业实验箱	智慧农业场景演示

2.4.4 普通高中人工智能实验室装备方案

目前已有相关机构和企业研发了紧贴新课标和义务教育教学要求的实验设备，并应用于人工智能实验室中，建立了具备基础编程教育、硬件基础教育、机器人基础教育、虚拟现实体验等技术的实验室环境。针对小学、初中和高中阶段，人工智能实验室装备方案不同。

高中阶段的人工智能实验室以理论学习和实践应用相并重的理念进行建设，以贴合新课标要求，将知识结构、技能培养与思维发展融入运用数字化工具及实践场景的实验室案例中。学生通过实际操作，可以了解人工智能的进阶知识，学习编程语言，独立搭建智能系统，体验智能系统。学生通过对本模块内容的学习，可以深度体验人工智能在实际生活场景中的应用，理解并学习神经网络的训练原理，学习机器学习的基本算法知识，体验自动化、信息化、智能化实验案例，体验并学习基于语音识别的综合案例。

高中阶段的实验室以科技化融入课堂为主要设计要点，将人工智能实验器材带入教室环境，增强学生的体验度，建设出了极具特色的实验室。该实验室包含学习互动区、人工智能体验区、无人驾驶汽车体验区等。为了激发学生的创作动力，该实验室还设置了优秀作品展示区供学生参观学习。学生创造的人工智能作品也可以保存在实验室的储藏区内，如图 2-19~ 图 2-23 所示。

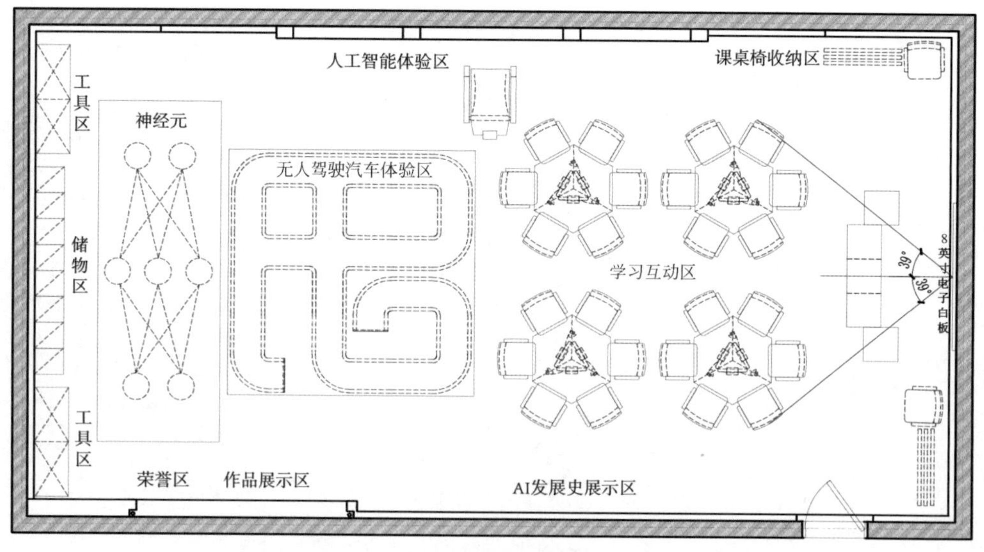

图2-19 人工智能实验室平面展示图

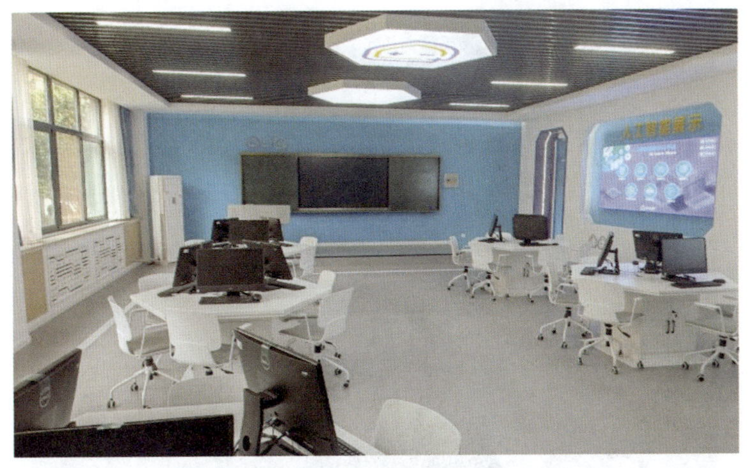

图2-20 人工智能实验室实际效果图

图2-21 人工智能实战区

图2-22 实验室实拍

图2-23 学习实践区

部分地区已经制定了人工智能实验室的建设方案，该实验室的建设标准根据实际教学场地和硬件设施的条件进行了灵活适配。以 30 人的实验教学班级为例，需要 30 台计算机和 30 套人工智能实验箱，教师专有一套，并分别配置学生指导用书和教师指导用书，以教师在讲台上授课形式进行，如图 2-24 所示。在大班教学场景下，配有多并发使用的计算终端，为教室计算机提供人工智能模型训练算力。对于一般的教室环境，在室内的两侧除了通风的门窗，还布置了人工智能展示墙和优秀作品展示区；在教室的后侧摆放储物墙，用于放置实验箱等教学用具。具体配置内容如表 2-7 所示。

图2-24 高中人工智能实验室教学实拍图

表 2-7 装备配备要求

序号	设备名称	功能规格	单位	配备数量
一、多媒体设备				
1	多媒体系统	包含多媒体计算机、投影机、电子白板、视频展示台、中央控制器和专用讲台以及系统附件	套	1

续表

序号	设备名称	功能规格	单位	配备数量
2	学生计算机	符合教学需求即可	台	30
		二、教学硬件		
3	实验套件	至少含主控板、摄像头、拾音器等配件，支持数据采集及分析，具有机器学习，计算机视觉（人脸识别、图像识别等），自然语言处理（语音识别、机器翻译等）的功能。主控板内置支持Python语言的编程环境及配套教材资源。提供接口，能够与人工智能实验平台上的软件兼容，并对实验内容进行云端互联互通	套	31
4	体验设备	包含无人驾驶、机器人等人工智能设备中的一种或多种，具有机器学习，计算机视觉（人脸识别、图像识别等），自然语言处理（语音识别、机器翻译等）功能	套	9
5	超算服务终端	1. CPU：八核处理器，运行频率不小于3.0GHz。 2. 内存：不小于32GB。 3. 固态硬盘：存储容量不小于1TB。 4. 显卡：存储容量不小于8GB。 5. 网络：支持WiFi模块和千兆网卡	台	1
		三、教学软件、教材、资源		
6	人工智能实验平台	1. 满足机器学习，计算机视觉（人脸识别、图像识别等），自然语言处理（语音识别、机器翻译等）的人工智能项目设计需求。 2. 支持Python语言编程；支持变量、函数、列表、元组、字典、集合、文件等操作。 3. 支持程序文件存取、文件系统管理、快速导入或导出文件。 4. 支持代码在线运行、代码在线检测功能。 5. 支持代码库功能，在线保存并分享程序，可一键加载。 6. 具备课堂管理功能，包含账号管理，课程、任务统计，学习进度管理，各类插件安装包下载等功能；支持开放课程内容导入、导出。 7. 内置课程，含视频、文档、案例等。课程内容至少包含Python基础课程实验包（变量与操作符、符串与连接符、数据类型、内置函数、条件语句、循环语句、函数与函数式编程、标准库与第三方库、面向对象的编程、爬虫编程应用等内容），教材实验包（包含算法的程序实现、数据处理与应用、数据结构与算法、算法与模型、数据挖掘、数据处理、数据合成、人工智能安全等内容），扩展探究实验包（网络爬虫应用于Matplotlab、AlphaGo等内容）	套	31
7	超算服务终端软件	1. 师生进行简单人工智能算法模型训练的系统，支持学生体验数据集的收集、自定义标注、自定义分类、模型训练、模型测试等人工智能模型训练步骤。 2. 图像分类训练：通过对图片数据集进行分类训练，来训练不同分类模型。	套	1

续表

序号	设备名称	功能规格	单位	配备数量
7	超算服务终端软件	3. 声音分类训练：通过对声音或声纹数据集进行分类训练，来训练不同分类模型。 4. 个性化发音训练：通过对个体声纹数据集进行特征提取训练，可按照该声纹特征进行语音合成播报。 5. 文本分类训练：支持用户自定义文本分类模型中的分类项，输入所需文本数据并进行训练与验证	套	1
8	教师指导用书	为教师提供的指导手册，配合开展教学，配套教师用书，保障教学顺利开展	套	1
9	学生指导用书	为学生提供的指导手册，配合开展教学，配套学生用书，保障学生学习实践活动顺利开展	套	30
四、环境建设				
10	交换机	传输速率：10/100/1000Mbps 端口数量：52个	台	1
11	无线路由器	支持同步双频，传输速率：1300Mbps（5GHz）,450Mbps（2.4GHz），同时使用用户数不低于50个	台	1

2.4.5 义务教育人工智能实验室装备方案

义务教育阶段的人工智能实验室主要以了解人工智能基础知识，学习编程语言，搭建智能系统，体验智能系统为设计主旨，按照每个班可容纳 48 人和实验装备数量进行设计。需要对环境湿度、温度，室内通风换气程度，室内照明，室内供电与布线、消防等安全工作做好管理。该阶段的教育多以体验为主，针对义务教育阶段的人工智能实验室，威盛搭建了与场景相结合的人工智能实验展厅，在展厅内学生不仅能够体会人工智能所带来的乐趣，还能感受技术对生活带来的影响，开阔了学生对技术应用的眼界（见图 2-25 和图 2-26）。

图2-25　义务教育阶段人工智能实验室展厅

图2-26 小学人工智能实验教学现场

学生通过对本章内容的学习，应当了解人工智能技术的概念及发展历程；学习并学会编程语言的基础语法知识，结合项目案例掌握编程技术；了解人工智能的实现过程，亲历设计与实现简单智能系统；了解和体验智能系统的应用，增强利用智能技术服务人类发展的责任感。

义务教育阶段的人工智能实验室装备功能有如下要求。

① 可以了解人工智能基础指数。能通过调查和案例分析，描述人工智能技术的概念、特征、典型应用以及发展历程，具体说明人工智能技术给人们生活、工作、学习带来的影响。

② 可以学习编程语言。通过编程平台，结合人工智能项目案例，学习编程语言的基础语法知识，能够编写简单的语言程序。

③ 能够搭建智能系统。通过结构件、电子元件、主控板等人工智能技术模块，设计搭建简单的智能系统。

④ 能够体验智能系统。从生活与学习需求出发，通过人工智能体验设备让学生学习了解人工智能发展趋势，体验智能系统的社会化应用，如无人驾驶、人脸识别、语音识别、人机交互等技术的应用。

为了实现装备功能要求，且符合实验室教学 48 人为一班的场景，制定的装备配备要求如表 2-8 所示。学校可根据实际情况选择适宜的设备种类、功能规格及配备数量，但不限于表 2-8 所示内容。

表 2-8 装备配备要求

序号	设 备 名 称	功 能 规 格	单位	配备数量
一、多媒体设备				
1	多媒体系统	包含多媒体计算机、投影机、电子白板、视频展示台、中央控制器和专用讲台以及系统附件	套	1
2	学生计算机	符合教学需求即可	台	24
二、教学硬件				
3	实验套件	至少含结构件、主控板、摄像头、拾音器等配件，支持数据采集及分析，具有机器学习，计算机视觉（人脸识别、图像识别等），自然语言处理（语音识别、机器翻译等）的功能。主控板内置编程语言环境及配套教材资源。提供接口，能够与人工智能实验平台上的软件兼容，并对实验内容进行云端互联互通	套	25
4	体验设备	包含无人小车、机器人等人工智能设备中的一种或多种，具有机器学习，计算机视觉（人脸识别、图像识别等），自然语言处理（语音识别、机器翻译等）功能	套	9
三、教学软件、教材、资源				
5	人工智能实验平台	1. 满足机器学习，计算机视觉（人脸识别、图像识别等），自然语言处理（语音识别等）的人工智能项目设计需求。 2. 支持多种编程方式；支持变量、函数、列表、元组、字典、集合、文件等操作。 3. 支持程序文件存取、文件系统管理、快速导入或导出文件。 4. 支持代码在线运行、代码在线检测功能。 5. 支持代码库功能，在线保存并分享程序，可一键加载。 6. 具备课堂管理功能，包含账号管理，课程、任务统计，学习进度管理，各类插件安装包下载等功能；支持开放课程内容导入、导出。 7. 内置课程，含视频、文档、案例。课程内容包含机器学习项目体验，计算机视觉项目体验（文字识别、图片识别、人脸识别等），自然语言处理项目体验（语音识别、机器翻译等），编程语言学习项目（变量与操作符、符串与连接符、数据类型、内置函数、条件语句、循环语句、函数与函数式编程、标准库与第三方库、面向对象的编程、爬虫编程应用等内容）	套	25
6	教师指导用书	为教师提供的指导手册，配合开展教学，配套教师用书，保障教学顺利开展	套	1
7	学生指导用书	为学生提供的指导手册，配合开展教学，配套学生用书，保障学生学习实践活动顺利开展	套	24
四、环境建设				
8	交换机	传输速率：10/100/1000Mbps 端口数量：52个	台	1

续表

序号	设备名称	功能规格	单位	配备数量
9	无线路由器	支持同步双频，传输速率：1300Mbps（5GHz），450Mbps（2.4GHz），同时使用用户数不低于50个	台	1

2.5 人工智能学科教学展望

人工智能的价值在于通过数据的不断训练与自动学习实现机器智能、自动化生产等，人工智能技术被应用于医疗、金融、营销、安防等领域，其商业化渗透率和对传统产业的提升都有良好的趋势。在数字化不断推进的大背景下，人工智能技术迅速发展，并与多种应用场景深度融合，应用于各个产业，逐渐成为推动经济创新发展的重要技术。但人工智能在带来便利的同时也带来了负面影响，在对中小学生进行教育的过程中，也应当注意培养学生对人工智能应用的技术素养。

人工智能实验教学以实践为主旨，让学生通过走进实验室深度学习人工智能理论和人工智能技术，构建当前阶段比较完整的人工智能认知。在理论学习与实验教学并重的背景下，学生可以更好地掌握人工智能的课程知识点，增加理解知识的速度。深入实验室学习，对于培养学生人工智能技术素养也有很大的益处。在实验工具众多的环境下，学生需要主动思考工具的作用，思考如何选择合适的工具以实现智能应用。

2018 年起开始探索实验室建设方案以来，人工智能实验教学有了一定的发展。结合未来人工智能实验教学模式的发展，实验室建设方案应逐步升级，加入越来越多的高科技教育产品。随着时间的推移，这将对人工智能教育模式产生深远的影响。

未来人工智能教育发展的路还很长，在现今阶段，还需要探索更多人工智能教育与其他新兴技术的融合点，并结合教育场景进行创新，发掘稳扎稳打的教育方法。

第3章 虚拟现实技术

3.1 历史与现状综述

虚拟现实技术（virtual reality, VR）是一项融合了图形图像处理、人机交互等多种高新技术的应用型技术[①]。

虚拟现实技术的起源可以追溯到1929年，在这一年，Edwin Albert Link（埃德温·艾伯特·林克）[②③]发明了一种飞行模拟器，可以使乘坐者体验飞行的感觉，可以说，这是人类模拟仿真物理现实的初次尝试。之后，随着控制技术的不断发展，各种仿真模拟器陆续问世[④]。

1956年，Morton Heileg（莫顿·海利格）开发了一个摩托车仿真器Sensorama，具有三维显示及立体声效果，并能让人产生震动感觉，如图3-1和图3-2所示。他于1962年申请的“Sensorama Simulator”专利已具有一定的VR技术的思想。电子技术的发展和计算机的小型化进一步推动了仿真技术的发展，逐步形成了计算机仿真科学学科[⑤]。

3.1.1 虚拟现实技术简史

1965年，计算机图形学的重要奠基人Ivan Sutherland（伊凡·苏泽兰特）博士发表了一篇名为“The ultimate display”的论文[⑥]，以敏锐的洞察力和丰富的想象力描绘了一种新的显示技术。该文从计算机显示和人机交互的角度提出了模拟现实世界的思想，推动了计

① 舒建华 . 虚拟现实技术的应用现状及未来展望 [J]. 电脑知识与技术，2008(18):1706-1708.

② Edwin Albert Link：Inventor fo the First Flight Simulator[OL].https://disciplesofflight.com/edwin-albert-link-flight-simulator/.

③ Edwin Albert Link[OL]. https://wikimili.com/en/Edwin_Albert_Link.

④ 颜青山 . 从虚拟现实到扩展现实：哲学基础与伦理挑战 [J]. 人民论坛·学术前沿，2016(24):38-52.

⑤ 赵沁平 . 虚拟现实综述 [J]. 中国科学：信息科学，2009(1):45.

⑥ Sutherland I E . The Ultimate Display[C]// Ifip Congress. 1965. 麻省理工博士生萨瑟兰 . 终极显示 . IFIP 会议 .1965.

图3-1 Morton Heileg（莫顿·海利格）制造的 Sensorama（摩托车仿真器）

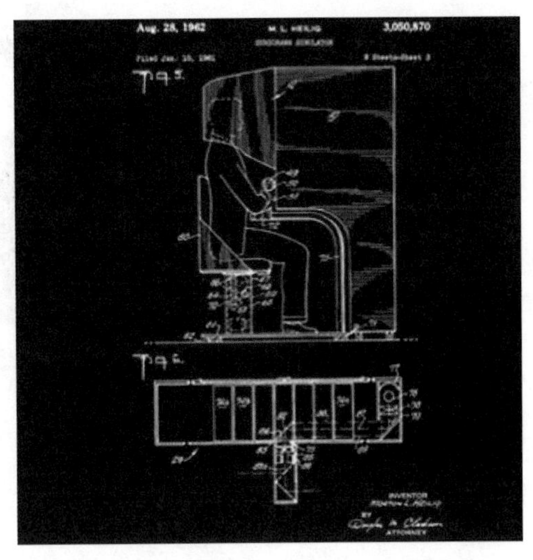

图3-2 Sensorama Simulator技术剖面图

算机图形图像技术的发展，并启发了 VR 头盔、数据手套等新型人机交互设备的研究。

1968 年，Ivan Sutherland 制作的被称为“达摩克利斯之剑”的第一台 VR 头盔问世，如图 3-3~ 图 3-5 所示，这标志着头戴式虚拟现实设备与头部位置追踪系统的诞生，为现今的虚拟技术奠定了坚实基础，Ivan Sutherland 也因此被称为“虚拟现实之父”①。

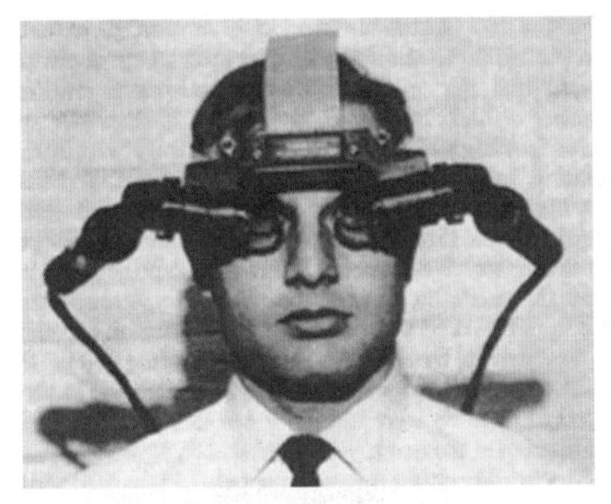

图3-3 Ivan Sutherland的达摩克利斯之剑

图3-4 达摩克利斯之剑现场图

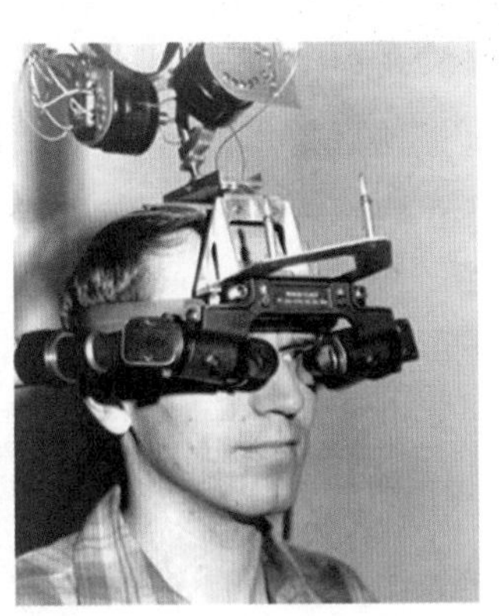

图3-5 达摩克利斯之剑使用中

20 世纪 70 年代，NASA（National Aeronautics and Space Administration，美国国家航空航天局）也开始了在虚拟现实领域的研究和尝试。经过一段时间的研究，由 NASA 自行研发的虚拟现实设备正式投入航天领域②，如图 3-6 所示。

① http://cadtc.tsinghua.edu.cn/chinese/Sutherland.htm. 清华大学计算机辅助设计教学中心 . 伊凡 · 萨瑟兰专页 .

② 刘崇进，吴应良，贺佐成，等 . 沉浸式虚拟现实的发展概况及发展趋势 [J]. 计算机系统应用，2019，28(3):18-27.

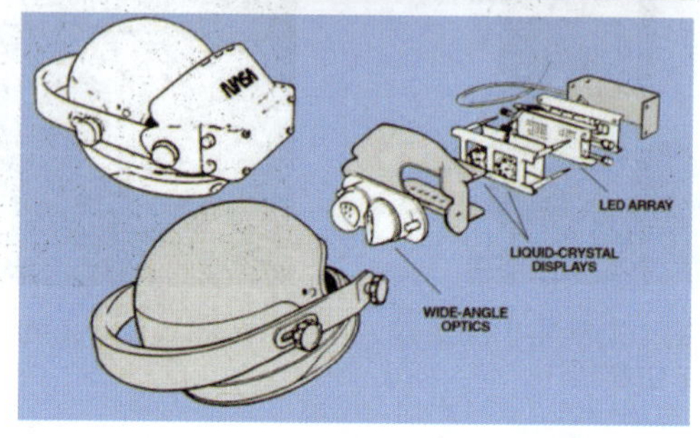

图3-6 曾经为NASA服务的虚拟现实设备VIVED VR

20 世纪 80 年代，随着个人计算机和计算机网络的发展，VR 有了更好的生存环境，越来越多的人开始研究虚拟现实技术，也出现了几个比较典型的 VR 系统。1983 年，美国陆军和美国国防部高级项目研究计划局（Defense Advanced Research Projects Agency，DARPA）共同制订并实施 SIMNET（SIMulation NETworking）计划，开创了分布式交互虚拟仿真技术的研究和应用。1984 年，McGreevy M. 和 Humphries J. 开发了虚拟环境视觉显示器，构造了三维虚拟火星表面环境[①]。这些系统的开发推动了 VR 理论和技术的研究。

1989 年，美国 VPL 公司的创立者 Jaron Lanier 使用了“Virtual Reality”一词，并很快被研究人员接受，成为这一科学技术领域的专用名称。

20 世纪 90 年代以后，随着计算机技术和高性能计算、人机交互技术与设备、计算机网络与通信等科学技术领域的高速发展，以及军事演练、航空航天、复杂设备研制等重要应用领域的巨大需求，VR 技术进入了快速发展期。雅达利、索尼等众多公司也都拥有了自己的头戴 VR 设备（见图 3-7）。虽然当时的技术限制了这些设备的普及，但是它们的出现还是为 VR 走向大

图3-7 索尼在1998年推出的类虚拟现实设备

① 虚拟现实何以超越拟态环境 . 人民网 . http://media.people.com.cn/n/2014/1203/c382352-26141124.html.

众打开了一扇门。

此后虚拟现实技术经历了一段平稳发展时期，直到 2014 年、2015 年，新一代沉浸式头显设备的成熟推出，虚拟现实技术开始迅猛发展并引发了各界的关注。

图3-8 近年市面上出现的沉浸式投影台灯设备

此外，除去头显形态外，台灯形态的虚拟现实投影方案也在近年出现，提供了一种自然、护眼、抗眩晕的裸眼沉浸式设备，如图 3-8 所示。因其能在桌面场景被广泛应用，吸引了大量教育界人士的关注。

3.1.2 虚拟现实技术与教育

在 21 世纪之前，因技术和成本问题，虚拟现实技术主要被应用于航空航天、军事等领域。进入 21 世纪以后，随着关键技术与经济的发展，VR 在制造、教育、医疗、文创等领域都被广泛应用，也在一定程度上改变着传统产业。

虚拟现实技术因其特有的沉浸式、交互性和构想性，迅速成为继多媒体、计算机网络之后最具应用前景的一项技术。早在 2003 年，虚拟现实技术与教育教学的结合就得到了国内外专家的广泛认可，在 PC 端进行情景化交互的 Second Life①，一经推出就获得了国内外研究学者的青睐，将其作为虚拟现实技术与教学结合的正面教材，如图 3-9 所示。

图3-9 进入Second Life，玩家将以角色扮演的方式去经营自己的生活，与网友互动

①马武林，蒋艳．基于 Second Life 的英语教学途径新探 [J]. 现代教育技术，2010(2):4.

随着计算机系统工程、计算机图形学等技术的高速发展，虚拟现实技术已经引起了我国各界人士的兴趣和重视。“九五”计划、国家自然科学基金会、国家高技术研究发展计划等都把 VR 列入研究项目，国内的一些重点院校也积极开展 VR 领域的研究工作。浙江大学、北京大学、上海交通大学等著名高校先后建立了虚拟校园。清华大学利用虚拟仪器构建了汽车发动机检测系统。华中理工大学机械学院工程检测实验室将其虚拟实验室成果在网上公开展示，应用于远程教育①。电子科技大学、武汉大学、厦门大学、四川大学等国内知名高校也积极建设虚拟现实实训中心，将虚拟现实技术引入教育教学中，以创新教学模式，提升教学质量。武汉大学更是将 2020 年的新冠肺炎疫情应急语言服务搬进了外语教学课堂，通过沉浸式剧情驱动型教学模式，让学生以应急语言服务人员的身份，对新冠肺炎疫情的发生、发展、防控、核酸检测、救助、医学观察与隔离、舆情引导等环节进行体验并深度参与，不断训练和提高学生在公共卫生突发事件处置中的口语交际能力、口笔译服务能力以及专业知识、服务意识、职业道德等多方面非语言能力和素养。

与专业性稍高的头显设备相比，投影台灯设备护眼、操作简单，更适合应用于 K12、Pre-k 等低年级学段。

北京航空大学附属小学（以下简称北航附小）将沉浸式投影台灯应用于课后素质拓展和作业托管领域，提高了学生自主学习、自主管理的效率，减轻了教师的托管压力，如图 3-10 所示。将投影台灯用于其他地区和北京地区同上一堂课，解决了教育资源不均衡问题，如山西吕梁北街小学和北航附小远程连线教学。

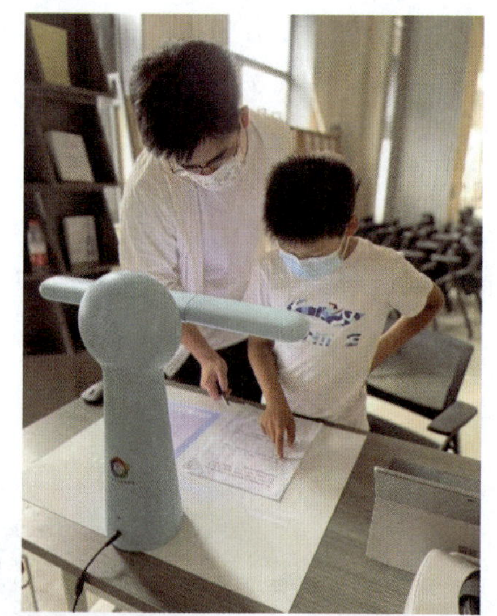

图3-10 北京地区学生体验投影台灯设备

随着虚拟现实产业生态的日益完善，虚拟现实在各个垂直行业的应用日益广泛，5G 的加持，为虚拟现实技术带来更多的应用空间。由于虚拟现实技术与教育的多维度契合，虚拟现实技术成为推进教育改革的重要科技引擎，在推进教育均衡、助力专业人才培养等方面有很多成功的应用案例。

① 臧晓明，袁宏丽，郑欣悦，等.《虚拟现实技术在微课中的表现形式研究》——以《揠苗助长》微课为例 [J]. 智富时代，2018，No.B399(9):198.

3.2 典型应用案例

3.2.1 “5G云VR”智慧教育解决方案

当前，中国教育仍存在比较严重的城乡差异和区域差异，在一定程度上导致教育不均衡，阻碍着我国教育现代化发展的整体进程。国家一直号召“以科技赋能教育”，5G“高带宽、低延迟、高速度”的优势可以有效打破地域的界限，让远程多课堂即时通信成为可能，推动实现跨地域的资源共享，提高教育资源应用效率，有效推动实现优质教育的均衡发展。

“5G 云 VR”智慧教育解决方案由至少 1 个直 / 录播授课教室 +*N* 个接收教室组成，利用 5G 的技术特点，将授课教室的实时上课画面通过“5G 云 VR”教室核心终端传输到接收教室，再利用虚拟现实技术让在接收教室的学生进行多视角的沉浸式学习，这样远在千里之外的学生也可以近距离观看教师进行实验操作和讲解重难点了，如图 3-11 和图 3-12 所示。

图3-11 “5G云VR”智慧教育解决方案效果图

3.2.2 虚拟现实综合教室解决方案

随着教育信息化的发展，只具有黑板、粉笔等的传统教室已经逐步被多媒体教室取代。随着虚拟现实等技术在教育领域的深度应用，集沉浸式教学、实训为一体的“ VR 智慧教室”取代“多媒体教室”走进校园将成为未来发展的必然趋势。

图3-12 中国科学技术馆与不同地市的5所学校通过“5G云VR”智慧教育解决方案一同上课

虚拟现实创新教育实验室是基于虚拟现实教学管理系统及虚拟现实头戴显示设备等整体设计的 VR 多人同步、实时互动的虚拟现实教学与实训环境，适用于各个教育阶段，如图 3-13 所示。该教室由虚拟现实头戴显示设备、虚拟现实设备及存储机柜、虚拟现实多人协同教学管理系统、虚拟现实内容资源、虚拟现实软件工具组成，搭配教室整体空间进行设计与布局，打造适配虚拟现实教学的支撑环境，支持学校开展虚拟现实沉浸式认知教学、交互式实训实操训练，创新课堂教学模式，解决传统教学不能支撑的高成本，高风险，宏观、微观教学难题，提升教学质量。

图3-13 虚拟现实创新教育实验室

3.2.3　沉浸式高新视频文创实训室

头戴式显示设备是通过在人眼前的超近距离的成像营造沉浸感，而沉浸式高新视频文创实训室（见图 3-14）则是利用虚拟现实、增强现实或混合现实等技术制作具有沉浸感、互动性、探索性等特征的 5G+XR 沉浸式高新视频，可以在非头戴显示设备上呈现和展示。目前沉浸式高新视频已经被广泛应用于影视视效制作、娱乐节目、广告、体育赛事等文创领域，如图 3-15 所示。随着高新视频的广泛应用，沉浸式高新视频文创实训室成为高校数媒、广告等相关专业培养符合行业发展的创新型应用人才的重要科技支撑。

图3-14　沉浸式高新视频文创实训室

图3-15　沉浸式高新视频文创实训室打造的体育赛事高新视频

3.2.4 超高清数字内容创作实验室

当前，由数字技术等引发的新一轮科技革命和产业变革正由导入期转向拓展期，加快发展数字经济已成为国内外产业竞争的制高点，培养数字化专业人才是目前推动数字化进程的关键。

超高清数字内容创作实验室是依托世界领先的 VIXR（HTC Virtual Industry XR）引擎打造的 XR（即 VR 虚拟现实、AR 增强现实及 MR 混合现实）综合内容制作可视化平台，如图 3-16 所示。该平台支持超高质量数字模型实时可视化渲染展示方式，解决了超高清工业产品数字建模及 5G 实时云渲染的世界级难题。超高清数字内容创作实验室的建设，实现了数字化转型核心技术的突破，将 XR、5G 等新兴技术与产业创新融合，配合相应实训课程，将核心技术课堂化，助力高校培养各行业数字化转型所需的专业技术人才。

图3-16 XR综合内容制作可视化平台

3.3 育人价值分析

将虚拟现实技术引入教学是教育方法上的一次创新实践。相对于传统的教学模式，虚拟现实技术不仅可以全方位地让学生主动获取知识，增强学生对知识体系的全方位理解，还能让学生通过亲身经历或实际操作获得相关知识，既节省成本，还能激发学生学习兴趣，保证学生安全。因此，虚拟现实技术对于理论教学和实验教学有以下优势和特征。

3.3.1 辅助理论教学

3.3.1.1 有效模拟实物立体模型

虚拟现实技术可以将教学过程中涉及的微观的、宏观的、难以展示的实物展示出来，帮助学生形象地认识知识对象。同时，在虚拟现实的场景中，该实物会被完整地展示出来，还可以对其进行放大、缩小、旋转等操作，如图 3-17 所示。

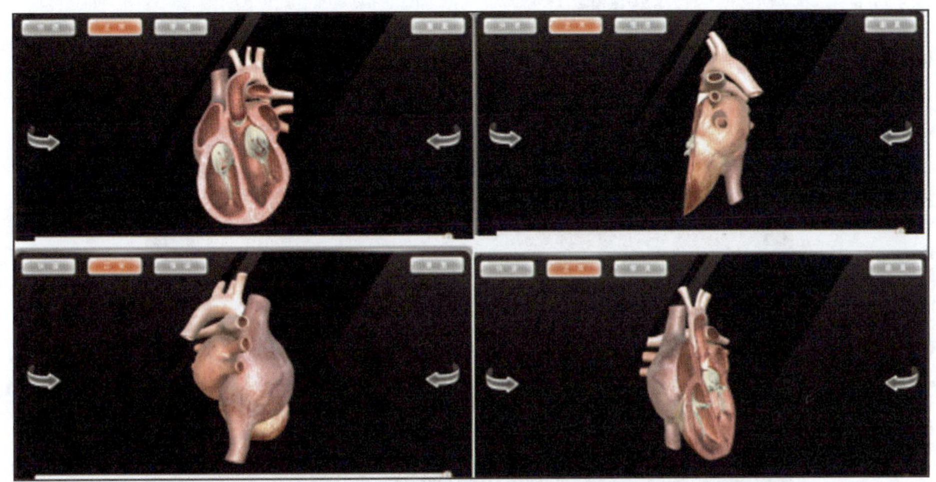

图3-17 利用虚拟现实技术可近距离全方位观察心脏搏动特征

3.3.1.2 创建难以亲历的场景

在教学中，受条件的限制，学生无法亲历很多真实场景，只能靠教师通过语言或绘画等方法描述出来激发学生的想象力，而利用虚拟现实技术创建的难以想象、难以亲历的场景，不仅让学生可以看得到、听得到，还能让其触摸得到，如图 3-18 所示。以体验的方式进行学习，可以有效提升教学效果。

图3-18 可创建特定场景的实训内容，在沉浸中进行能力训练

3.3.1.3 还原真实的事件

将过去的历史事件、发生过的真实场景或假设的场景，利用虚拟现实技术进行还原，可以让学生亲身经历，与历史人物对话，倾听文化遗产背后的故事。

3.3.2 推动实验教学

3.3.2.1 打破传统实验的时空限制

很多科学实验都需要大量的时间来操作，而且对实验地点的要求也非常严格。利用虚拟现实技术，可以让学生随时随地进行实验学习与操作，如图 3-19 所示。

图3-19 利用虚拟现实技术展示光电效应全过程

3.3.2.2 降低实验风险

对于一些具有高危险性的实验，运用虚拟现实技术可以避免环境因素、操作失误及实验本身带来的事故，既可以保证学生在安全可靠的环境中进行实验，还可以让学生充分了解实验过程，如图 3-20 所示。

图3-20 利用虚拟现实技术还原地铁火灾过程

3.3.2.3 降低实验器材的损耗

在虚拟现实的环境中进行实验，学生无须担心损坏实验器材，可以“近距离”使用一些十分昂贵的实验器材，从而提升动手能力，如图 3-21 所示。

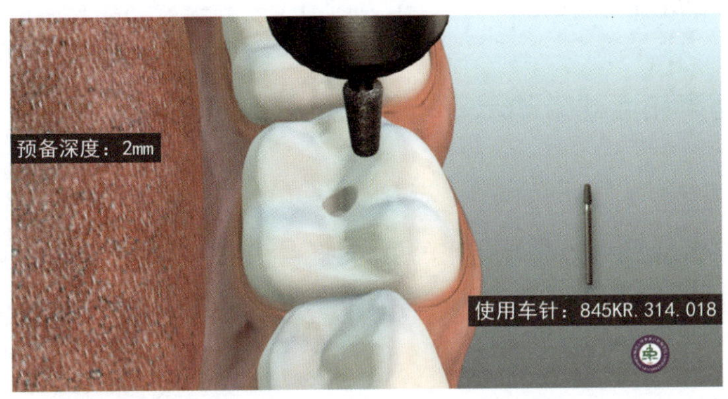

图3-21 利用虚拟现实技术可反复进行口腔嵌体实验

3.4 未来发展与展望

自 2016 年以来，虚拟现实开始进入消费级市场，国际 IT 巨头纷纷布局，引发了全球范围内的发展热潮。我国虚拟现实产业界迅速跟进，创新创业非常活跃，硬件制造、内容应用开发以及业务体验推广等产业链各环节快速发展，我国正在成为全球虚拟现实产业最具创新活力和发展潜力的地区之一。中国产业信息网数据显示，2014 年大约有 20 万虚拟现实活跃用户，2017 年则增加到了 9000 万 ①。

为进一步推动虚拟现实在一线教学中的切实应用，建议从以下几方面寻求突破。

3.4.1 建立健全虚拟现实产业生态

鼓励 VR 企业创新攻坚，重点推动适配教育应用的虚拟现实硬件、软件等核心产业发展，为虚拟现实教育产业上下游企业打造产业生态，从而实现虚拟现实技术在教育领域的跨越式发展。

① 出自《2017—2022 年中国虚拟现实（VR）市场专项调研及投资前景预测报告》，文章来自智研咨询网 .https://www.chyxx.com/research/201610/456419.html.

3.4.2 推进虚拟现实教育行业标准的制定

组建虚拟现实产业专家智库，推进虚拟现实教育行业标准的制定，打造内容权威、品质优异、体系完善的虚拟现实教育产品，为虚拟现实在教育领域的健康发展指引方向。

3.4.3 以赛事和活动带动示范校建设

建设虚拟现实教育应用示范高地，鼓励建设可复制、可推广的“VR+ 教育”创新示范项目，推动虚拟现实技术与教育应用的融合创新。开展虚拟现实教育领域的相关赛事，鼓励教师使用虚拟现实技术打造的教学工具，推动虚拟现实教育产品在教学领域的常态化应用。

3.4.4 统筹“政用产学研”协同并进

继续优化产业扶持政策及人才政策，在国家政府强有力的政策保证下，有效统筹学校、企业、研究机构等各方力量，为教育和虚拟现实产业搭建互通交融的桥梁，为学校和虚拟现实企业搭建沟通和合作的平台，推动虚拟现实技术创新上、中、下游及创新环境与最终用户的对接与耦合，通过形成可复制、可推广的创新应用，促进科技成果转化为现实生产力，培养专业技术人才，打造虚拟现实在教育领域的良性发展格局。

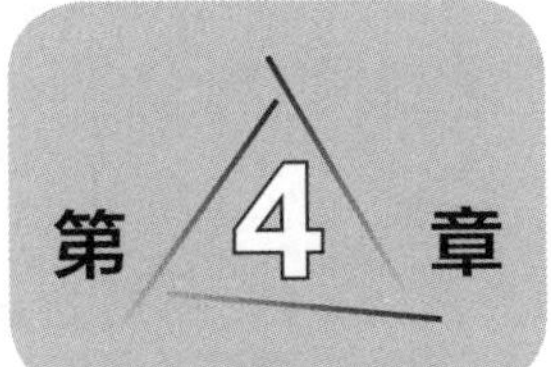

第4章 3D打印技术

4.1 历史与现状综述

3D 打印技术（3D Printing）在不同时期有不同的名称，早期学术上称其为“快速成型技术（rapid prototyping manufacturing，RPM）”，从制造工艺划分的角度则称为“增材制造（additive manufacturing，AM）”。3D 打印技术是一种以计算机辅助设计（CAD）软件生成的或通过实体扫描设备扫描实物所获得的数字模型文件为基础，运用基于离散 / 堆积成型原理的成型方法来制造物体的数字化造物技术，其核心是数字化、智能化制造，实现了随时、随地、按需生产[①]。

4.1.1 3D打印技术的起源

“快速成型技术”作为 3D 打印技术的早期阶段，其概念大约出现在 20 世纪 70 年代末。1976 年，Paul L Dimatteo（保罗 · L. 迪马特奥）在其专利（三维物体的生成与构造方法，Method of generating and constructing three-dimensional bodies）[②]中明确提出，先用轮廓跟踪器将三维物体转化为二维轮廓薄片，然后用激光切割使这些薄片成型，最后用螺钉、销钉将一系列薄片连接成三维物体，这是现代的“叠层实体制（laminated object manufacturing，LOM）”的原理雏形[③]。

1981 年，名古屋工业研究所发明了用光硬化聚合物的方法制造三维塑料模型。该方法是现在的光固化 3D 打印技术的前身。

1986 年，Chuck Hull（查克 · 赫尔）发明了立体光刻技术，即用紫外激光固化高分子

---

① 2012 年增材制造技术国际论坛暨第六届全国增材制造技术学术会议，工业与信息化部副部长苏波的发言，2012.12.18.https://wap.miit.gov.cn/xwdt/gxdt/ldhd/art/2020/art_50a807ffe6404f13abf3f2c2d66cddc6.html.

② Method of generating and constructing three-dimensional bodies[OL].https://patents.justia.com/patent/3932923.

③ 于冬梅 .LOM（分层实体制造）快速成型设备研究与设计 [D]. 石家庄：河北科技大学，2011.

聚合物，然后将原材料逐层堆叠起来。同时，他为该技术申请了专利，这标志着 3D 打印技术正式走向商业用途。

1988 年，Scott Crump（斯科特·克伦普）发明了“熔融沉积建模法（fused deposition modeling，FDM）”，即通过加热可熔性材料逐层堆积并生成三维物体。该方法是目前大多数桌面级 3D 打印机采用的技术。

自 1988 年，在随后的二十余年里，3D 打印技术逐步应用于制造、金属加工等行业，但是发展速度比较缓慢，长期作为专业领域的技术工具，远离公众的日常生活。

2005 年，RepRap 开源 3D 打印机项目彻底激发了 3D 打印技术的发展潜力。该项目旨在研究机器进行自我复制，即快速打印自身 RepRap-Replicating Rapid Prototype（快速复制原型），主要用于打印制作塑料组件。由于该项目从软件到硬件等各种资料都免费提供给广大用户，越来越多的用户基于该项目拓展 3D 打印技术，并将该技术逐步商业化，这使得越来越多的行业接纳 3D 打印技术[①]。

2009 年，Adam Mayer，Zach Smith 和 Bre Pettis 三个年轻人创办了 MakerBot 公司，并且基于 RepRap 达尔文[②]研制了第一台盒式 3D 打印机 CupCake CNC。2010 年，他们又研制了 Thing-O-Matic 盒式 3D 打印机（见图 4-1）。MakerBot 公司商业化后已经不再开源，最终被合并到了 3D 打印巨头 Stratasys 麾下[③]。

图4-1 Thing-O-Matic盒式3D打印机

RepRap 开源 3D 打印机激发了全球性的 3D 打印浪潮。2010 年世界第一辆由 3D 打印机打印而成的汽车 Urbee 问世；2011 年，世界上第一台巧克力打印机出现；2012 年，苏格兰科学家尝试利用人体细胞打印人造肝脏组织。

在国际化的开源浪潮中，中国迎来了 3D 打印技术的爆发期。例如，北京航空航天大学利用 3D 打印技术制作飞机钛合金起落架等关键构件；清华大学创业团队结合 3D 打印机和食品制造，推出的煎饼打印机一度受到社会各界追捧；成都高新科技区首创 3D 生物

① 顾钊铨，李玉普，宋磊，等. 一种新型玻璃 3D 打印方案 [J]. 电子技术与软件工程，2017（1）:159.

② 达尔文是 RepRap 系列中的一款产品的型号。

③ 普立得科技 . Stratasys 3D 打印世界 [J]. 航空制造技术，2015(5):1.

血管打印机，使人体器官再造成为可能；太尔时代等国内 3D 打印机制造公司不断普及工业级、桌面级 3D 打印机 ①。

几乎就在同时，由于 RepRap 开源设计的普及，中国的桌面级 3D 打印机制造商如雨后春笋般出现，市面上一片火热，但因过分依赖开源设计而导致“山寨机”频现，出现同质化“拼成本”现象，竞争激烈，忧虑情绪渐深 ②。

近十年来，3D 打印技术已经越来越为人们熟知，越来越多的行业开始使用 3D 打印技术更新或替换原有制造技术，使自己的制造生产链条更加丰富 ③。

4.1.2 3D打印技术与模型设计

三维模型设计通过计算机辅助设计（CAD）或计算机动画建模软件建立立体的、有光的、有色的生动画面，虚拟逼真地表达大脑中的产品设计效果。它是建立在平面和二维设计的基础上，让设计目标更立体化、形象化的一种新兴设计方法。

计算机三维设计系统的出现，革命性地改变了人们进行设计的方式，极大地缩短了设计工作的时间周期。计算机屏幕取代了传统的纸张，为设计人员展现了一个虚拟的三维空间。设计人员不再需要靠自己的三维想象能力来理解模型的外形和动作，可以使用计算机动画技术在虚拟三维世界中直接对三维模型进行观察。模型的功能性验证也不再完全依靠制作实验模型来进行。计算机仿真技术通过在三维虚拟空间中模拟现实世界中的物理学定律，能够向设计人员展示模型在真实世界中的运作情况，为设计人员节省了大量的时间和金钱。另外，计算机设计软件还可以帮助设计人员找到传统人工设计过程中难以确定的最佳设计方案。而以电子文件为媒介来保存设计方案，也方便了设计工作的交流。

计算机三维设计软件可以粗略分为两类，一类是面向工业产品设计制造的计算机辅助设计系统，另一类是主要用于电影、动画、游戏等视频娱乐行业的计算机图形系统。3 D 打印技术是 3D 打印增材制造的前提和基础。随着 3D 打印技术的兴起和发展，近几年逐渐出现了一些面向个性化制造应用的三维模型设计软件。

① 顾钊铨，李玉普，宋磊，等.一种新型玻璃 3D 打印方案 [J]. 计算机技术应用，2017（1）:159.

② Adrian Bowyer：生物学“自我复制”的跨界实验者 [EB/OL]. 2015.9.22.https://www.sohu.com/a/32832477_254021.

③ 顾钊铨，李玉普，宋磊，等.一种新型玻璃 3D 打印方案 [J]. 计算机技术应用，2017（1）:159.

4.1.3 3D打印技术的意义

4.1.3.1 3D 打印技术纳入国家战略体系

目前，风靡全球的德国“工业 4.0”计划视 3D 打印技术为实现分布式、可视化、智能化生产的重要组成部分，而且德国政府正在制定该项技术发展的国家战略。美国正在实施先进制造业强国计划，决定由政府出资创办 15 家国家制造业创新中心，并于 2013 年成立了首家创新中心——美国国家增材制造创新中心，即 3D 打印技术创新中心。2014 年日本政府在《制造业白皮书》中提出，通过调整产业结构，发展 3D 打印技术、新能源技术、机器人技术等尖端技术，增强日本制造业水平，提升其国际竞争力。2015 年 2 月 11 日，中国政府推出了《国家增材制造产业发展推进计划（2015—2016 年）》，并制定了 3D 打印技术短期发展目标。由此可见，3D 打印技术已成为各国重点发展的战略资源。

4.1.3.2 3D 打印技术推动生产方式的变革

人类社会发展至今，每一次重大的科技进步都推动着生产力的提高，进而引起生产方式的变革。到目前为止，人类社会经历了原始社会生产方式、人类文明初期的生产方式、手工业作坊式生产方式、现代大批量生产方式、柔性制造生产方式等几个阶段。随着生产力的发展，人类物质需求得到了极大的满足，但是也出现了生产与消费的“鸿沟”，从而导致产能过剩甚至经济危机。目前采用的柔性制造生产方式虽然缓解了生产与消费的矛盾，但是无法满足人类个性化、差异化的需求。3D 打印技术的特性决定了其极有可能解决生产和消费之间的矛盾，从而实现个性化、可视化、社会化的生产方式。

4.1.3.3 3D 打印技术改变全球经济格局现状

由于劳动力成本低以及资源丰富等，非西方国家已成为低中端制造业基地，同时以中国为代表的发展中国家逐渐成为世界经济、贸易增长和物流中心。 但随着 3D 打印技术等先进制造业技术的发展，正在形成制造业回迁西方发达国家的趋势。相对于传统生产方式，3D 打印技术具有技术含量高、成本低、生产周期短等特点，并且能简化产品设计、生产、销售流程，从而实现分布式社会化生产。 这使欠发达地区劳动力成本低的优势逐渐消失，西方发达国家在欠发达地区投资建厂、生产产品的欲望降低，逐渐将制造业“回迁”本国。与此同时，全球投资、生产布局、经贸流向以及物流等将随之发生重大变化。

4.1.3.4 3D 打印技术促进基础科学研究

目前，3D 打印技术已应用于航空航天、生命科学、机器人设计等基础科学研究领域，如图 4-2 所示。在航空航天领域，科研人员通过该项技术制造出尖端飞机的零部件，甚至可以在外太空实现打印空间站所需零部件，而无须从地球运输此类物资。在生命科学领域，科学家利用该项技术打印出人类干细胞，并通过干细胞培育，制造出人体组织和器官，这不仅提高了人类在生物医学领域的研究能力，而且有助于延长人类寿命。美国分子生物学家阿瑟·奥尔森正在利用 3D 打印技术制造人工分 子以便研究艾滋病病毒，旨在掌握病毒的运行机制，从而生产治愈艾滋病的药物。美国麻省理工学院的研究人员找到了一种利用 3D 打印技术打印变形材料的方法，如图 4-2 所示。

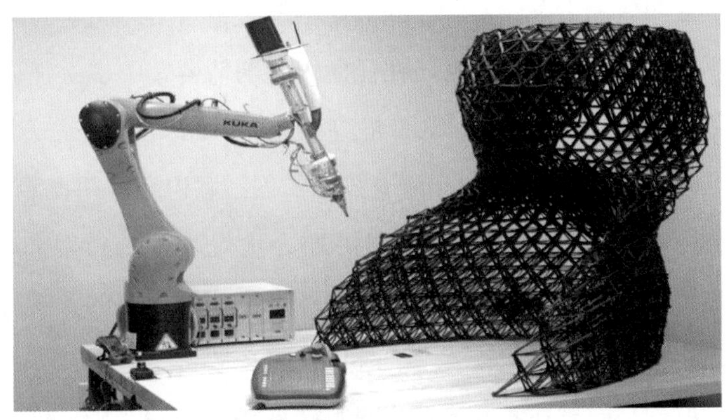

图4-2 神奇的3D打印智能材料

综上所述，各国已将 3D 打印技术纳入国家战略规划，并视其为实现新工业革命的关键性技术。3D 打印技术是提升我国创新能力，实现从中国制造走向中国创造的重要途径，对于我国的制造业发展有着更为巨大的战略意义[①]。

4.1.4 推进3D打印教学应用的必要性

当今世界，科技创新更加广泛地影响着经济社会发展和人们的日常生活，科技发展水平可以深刻地反映出一个国家的综合国力和核心竞争力。中共中央、国务院《关于深化科技体制改革加快国家创新体系建设的意见》中指出，我国要大力实施科教兴国战略和人才强国战略，加快建设中国特色国家创新体系。由此可见，创新人才的培养关系到国家的前途和命运。十年树木，百年树人，要实现科教兴国和人才强国战略，必须重视青少年科创

① 2014 年 3D 打印博览会 . 史玉升的回答记者提问：3D 打印技术对于制造业的战略意义是什么？ [EB/OL]. 2014.02.17.http://art.china.cn/huihua/2014-02/17/content_6673610.htm.

教育。青少年科技素质和创新能力的培养是顺应社会发展要求，面对世界竞争的历史性抉择。3D 打印技术可以给学生的“学习方式”带来新的思考，可以促进学生科技素质和创新能力的提升。三维模型设计与 3D 打印技术的结合让抽象的教学概念更加容易理解，可以激发学生对科学、数学尤其是工程和设计创意的兴趣，带来实践与理论、知识与思维、现实与未来三方面的相互结合。具体表现如下。

① 3D 打印技术能让学生的想象更容易变成现实，有利于培养学生的创新意识，鼓励学生进行创新实践活动。

② 学习运用简易建模软件，有利于发展学生的立体空间思维。

③ 运用 3D 打印技术实体的实践体验，可以为学生建立一种新型的学习方式。

④ 选择贴近生活的建模主题，有利于培养学生解决生活实际问题的能力。

美国前总统贝拉克·侯赛因·奥巴马在任期内的国情咨文中多次强调 3D 打印技术的重要性，并称将再投资三个制造业中心以推动这些新技术产业的发展。美国几乎所有的大、中、小学都开设了 3D 打印课程，用以培养青少年的创新意识和应用技能[①]。

2014 年，日本经济产业省则把 3D 打印机列为优先政策扶持对象，计划当年投资 45 亿日元，实施名为“以 3D 造型技术为核心的产品制造革命”的大规模研究开发项目，开发世界最高水平的金属粉末造型用 3D 打印机[②]。

2013 年 7 月，习近平同志在考察光谷未来科技城相关 3D 打印企业时指出，这个技术很重要，要抓紧产业化。2015 年 8 月，李克强总理主持国务院专题讲座，讨论“加快发展先进制造与 3D 打印”。其间，西安交通大学教授卢秉恒院士介绍了 3D 打印主流技术和将带来的科技重大突破，总理指出：3D 打印是制造业有代表性的颠覆性技术，实现了制造从等材、减材到增材的重大转变，改变了传统制造的理念和模式，具有重大价值。2015 年 5 月，国家发布了权威文件《中国制造 2025》，明确指出未来中国制造业发展的全新趋势以及相应计划。

4.1.5 3D打印技术在教育领域的应用趋势

4.1.5.1 3D 打印技术持续助力创客教育

3D 打印技术具有“设计即生产”的特点，把 3D 打印技术应用于中小学创客教育实践中，

① 创想三维：中小学开设 3D 打印课程的意义 . 搜狐号：创想三维科技，2018.7.19. https://www.sohu.com/a/242109573_100069649.

② 新工业革命，塑造全球竞争新格局 . 人民网 . http://scitech.people.com.cn/n/2014/0210/c1007-24308543.html.

可以让师生通过动手设计和深度体验，激发师生跨学科教学和创意智造的热情，从而培养学生的空间想象能力、创新思维能力和创造设计能力，让他们体会在“玩中做、做中学、学中做、做中创”的全新教学体验[①]。

4.1.5.2 3D 打印技术持续融合传统学科

3D 打印技术应用于教学中，能够丰富教学内容，实现跨学科知识的融合。学习者不仅需要掌握工程技术方面的相关知识，还需要掌握数学、物理、化学、科学方面的知识。同时，该技术对于学生的思辨能力、创新能力、设计能力等的全面提升提出了更高的要求，这就意味着课堂的教学形式和内容应向更加丰富多样的方向发展。3D 打印技术在教学中应用的软硬件、材料装备与教学方案很可能向着平台的运作模式转型，系统化的线上教学、线下体验的教学模式将“浮出水面”。

4.1.5.3 3D 打印技术解决真实情景问题

2013 年，美国新媒体联盟（New Media Consortium，NMC）《地平线报告（基础教育版）》中有一段关于“3D 打印与教学、学习及创造性探究的相关性”的论述：3D 打印技术对于教学和学习的一项重要价值体现在它能够更加真实地呈现特定事物，并让学生获得深刻感知体验，对于那些学校没有的标本或物体更是如此。尽管 3D 打印技术在基础教育中广泛应用尚需四至五年时间，但是要推断其未来可能开展的实际应用并不难。

新课标对学生核心素养提出了明确的标准，即信息意识、计算思维、数字化学习与创新、信息社会责任四个核心要素，并在选择性必修模块 5 中对三维设计和 3D 打印技术的学习作出了明确规定。

4.1.6 3D打印技术软硬件开发案例

4.1.6.1 三维建模软件介绍

3D 打印技术是创意作品的物化形式，核心在于模型设计。通过三维设计软件进行建模可以将创意想法转化为数字化模型。从创意想法到设计呈现再到打印验证是 3D 打印的整个过程。三维设计软件被国内创客教师广泛运用于创客教育和信息技术学科。常见的三维设计软件有以下几种。

（1）SketchUp

SketchUp（草图大师）是一款绘图软件（见图 4-3），可以快速和方便地创建、观察和

---

① 王同聚 .3D 打印技术在创客教育中的应用与实践——以中小学创客教育为例 [J]. 教育信息技术，2016，6:11.

修改三维创意。它是一款表面上极为简单，实际上却令人惊讶的、具有强大功能的用于构思与表达的工具。

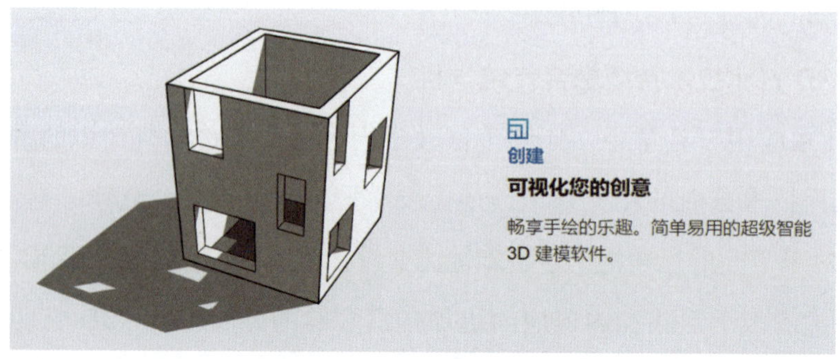

图4-3 SketchUp软件界面

（2）123D Design

123D Design 系列软件为用户提供多种方式生成 3D 模型，如用拖曳 3D 模型并进行编辑的方式进行建模、直接将拍摄好的数码照片在云端处理为 3D 模型等。123D Make 可以将三维模型切割并转换为二维图案（可以使用激光切割机等工具切割为平面），为用户提供了多种方式来发挥自己的创造力，如图 4-4 所示。

图4-4 123D Make软件界面

（3）3D One

3D One 是由广州中望龙腾软件股份有限公司全自主知识产权所研发并生产的青少年三维创意设计软件。

该软件界面（见图 4-5）简洁、功能强大、易于上手，没有任何设计基础的中小学生在十分钟内即可通过堆砌、拖拉等“搭积木”操作命令，直观体验 3D 设计场景，完成创意表达，并直接输出至 3D 打印机，完成创意物化，让 3D 设计真正实现素质化、大众化。依靠 3D One 软件打造的模型、课程资源、在线分享社区让中小学生创新能力的持续发展成为可能。

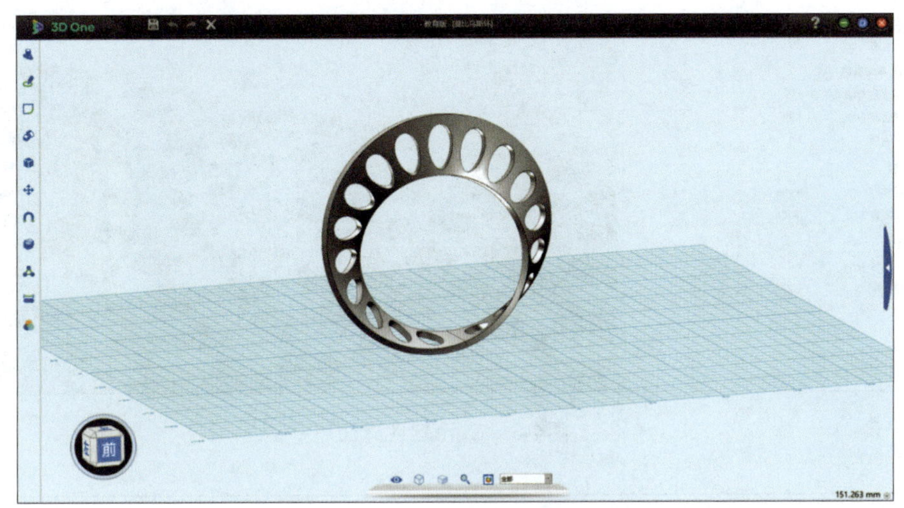

图4-5 3D One软件界面

4.1.6.2 三维模型切片软件介绍

三维模型切片软件并非三维设计软件，而是对模型进行三维切片时用的模型切片软件，将已有三维模型转化为 3D 打印机能够识别的喷头运动路径或材料挤出量控制等数据。自 3D 打印技术在国内兴起，三维模型切片软件作为教学辅助工具被国内创客教师广泛运用于创客教育和信息技术学科。常见的三维模型切片软件有以下几种。

（1）Cura

Cura 是由知名 3D 打印机厂商 Ultimaker 公司开发的开源切片软件，很受 3D 打印与创客爱好者欢迎，其特点是切片速度快，是较为实用的 3D 打印工具之一。

Cura（见图 4-6）对于新手来说操作较为简单。这款切片软件适用于市场上的部分 3D 打印机，只要 3D 打印机可以识别 .gcode 格式的文件，就可以传输到打印机进行打印制作。

（2）Repetier

Repetier 是一款开源切片软件，功能模块更加专业，适用于高阶用户，如图 4-7 所示。作为一体化解决方案，Repetier 提供多挤出机支持，最多可连接 16 台打印机，通过插件支持多切片机，并支持市场上几乎所有 FDM 3D 打印机。

图4-6 Cura软件界面

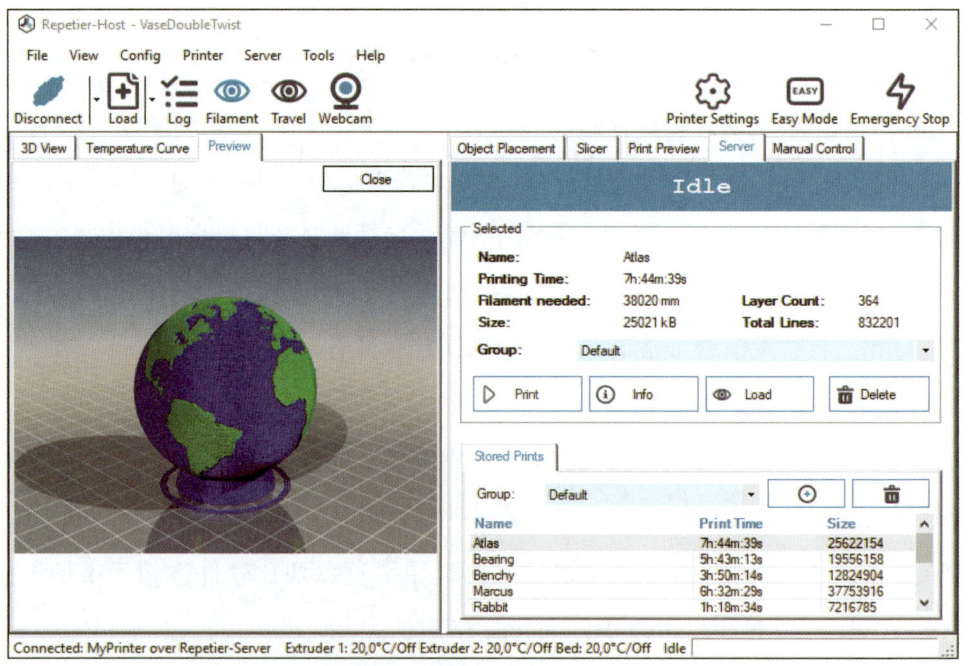

图4-7 Repetier 软件界面

（3）UP Studio

UP Studio 是由北京太尔时代全自主知识产权所研发并生产的 3D 打印软件，如图 4-8 所示。它集模型显示和编辑、打印工艺参数设计、分层、设备管理功能于一体，全中文操作界面方便用户操作。目前，它在国内中高职、大专院校使用率占较高水平。

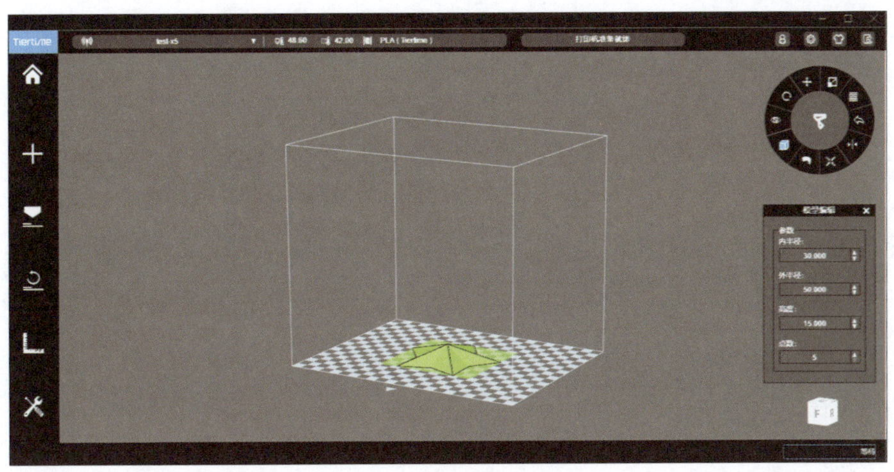

图4-8　UP Studio软件界面

4.1.6.3　3D 打印硬件设备介绍

3D 打印硬件设备的易用性一方面取决于所研发和生产企业的规模与能力，另一方面取决于三维切片软件的选择是否来自开源系统或是自主研发，所以硬件设备的易用性上差异很大。综合设备品牌、用户反馈等多方面来看，以下是较好的几款。

（1）MakerBot

MakerBot 公司是美国 Stratasys 公司旗下全球领先的生产桌面级 3D 打印机的公司。MakerBot（见图 4-9）是一款适用于家庭、学校以及各种科研机构的消费级桌面个人 3D 打印机产品。通过该产品可以很方便地将各种原型产品设计变成实体物品，从而大大缩短实验周期并节约实验成本。

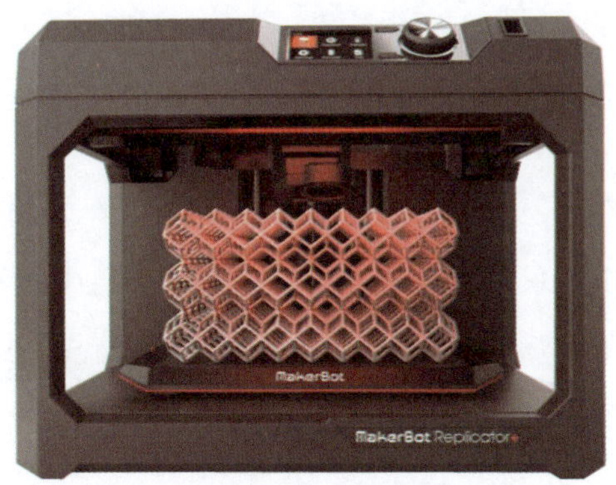

图4-9　MakerBot 3D打印机

（2）Prusa 3D

Prusa 3D（见图 4-10）是捷克公司研发并生产的 3D 打印品牌设备，其最大特点是模块化的零件设备小巧且易组装。开放型的外观设计有利于教师的操作演示和学生对 3D 打印制作过程的学习与观摩。

（3）Tiertime 和 UP 系列 3 D 打印机

Tiertime 和 UP 系列 3D 打印机（见图 4-11）是北京太尔时代推出的一系列桌面级、工程级设备，主要为高频次使用设备，且对打印成品质量要求较高，材料兼容性和设备稳定性高敏感度的客户所量身定制。其产品既可以满足学校教研工作者日常教学、项目研发、赛事筹备、工程实践等应用，也可以满足企业工程性项目快速研发、对成品打印细节和精度需求较高的工程师使用。

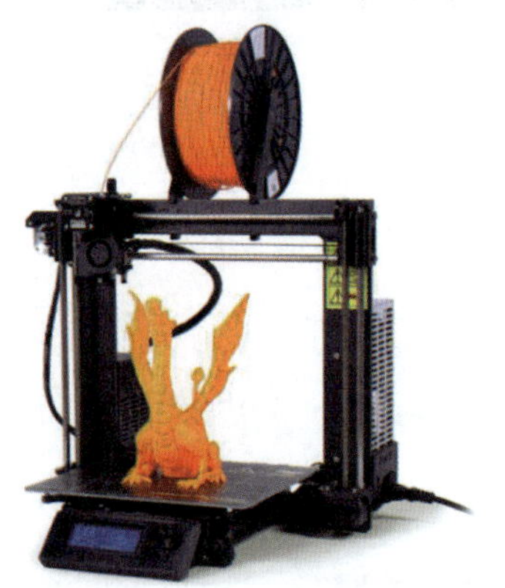

图4-10　Prusa 3D打印机

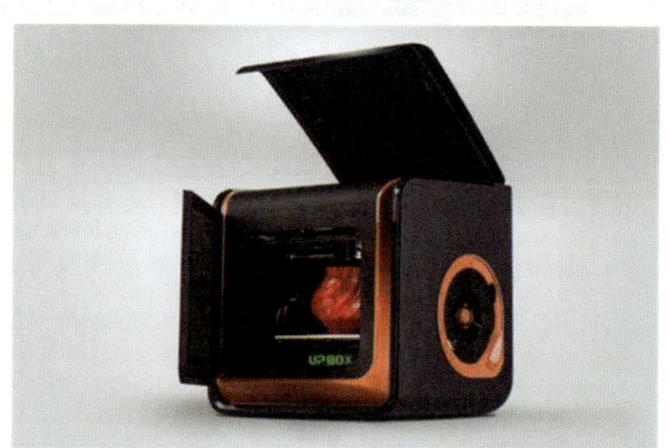

图4-11　Tiertime和UP系列 3 D打印机

4.2　典型应用案例

4.2.1　3D打印学科融入型课程案例

4.2.1.1　普通高中教科书《信息技术　选择性必修 5　三维设计与创意》

图 4-12 所示案例选自广东教育出版社出版的普通高中教科书《信息技术　选择性修 5　三维设计与创意》。作为普通高中学生的选择性必修内容，该教材系统地介绍了三维设计以及数字制造等相关内容，其中，针对 3D 打印部分作为实体制造部分进行了使用说明。

4.2.1.2 《3D 打印在课堂 · 物理篇》

图 4-13 所示案例选自江苏凤凰美术出版社出版的《3D 打印在课堂 · 物理篇》，作者

为上海市向明初级中学的王梦老师。王梦老师作为一名初中物理老师，一直苦于寻找能够让学生快速、直观地了解物理知识的内容，希望借助三维设计和3D打印技术，让学生亲自动手实验，经过观察并验证学得的知识。

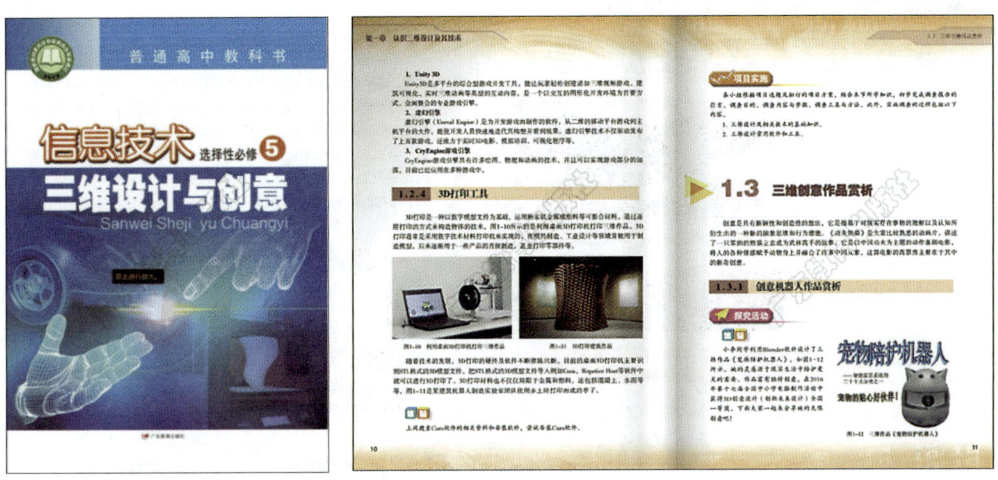

普通高中教科书

信息技术 选择性必修5

三维设计与创意

Sanwei Sheji yu Chuangyi

1.2.4 3D打印工具

1.3 三维创意作品赏析

1.3.1 创意机器人作品赏析

宠物陪护机器人

图4-12 广东教育出版社出版的普通高中教科书《信息技术 选择性必修5 三维设计与创意》页面

物理篇 第三章 压强应用 ——出自人教版八年级物理第九章第1节

学习目标 难度指数 ★★

(1) 了解改变压强的方法，并运用压强知识进行相关运算。
(2) 将生活实际与压强知识相联系，将理论知识运用于实践当中。
(3) 通过实践检验和资料查询，理论数据和实际工程数据之间的差异对比学会从多个角度辨证分析问题。

知识引入

现实生活中，我们经常会看到这样的案例，雪雨天气，道路泥泞，
尤其当车辆行驶在较为不平坦的泥土道路上时，容易产生车体下陷的情况，
这些生活中的实际情况是十分常见的。
当然，这也是各类专业领域设计师在设计车辆时，考虑的必然要素之一，
提到这里，也就涉及了物理学习十分重要的一个知识点——压强。

压强知识

大家都知道，压强公式$p=F/S$，下面我们以M1A1坦克为例，利用3D打印技术通过等比例缩放的方式还原履带的真实场景，测量如何通过坦克自身的压强计算履带的受力面积，并通过3D打印制作再次验证履带是否合适。

(1) 计算按照1:50的比例缩小后的坦克模型各项数据。

M1A1坦克的真实数据：

战斗全重(t)	约59
车体长(m)	7.918
全宽(m)	3.66
全高(m)	2.89
车底距地高(m)	0.432
最大下陷深度(m)	0.216

边长比:n 面积比:n^2

体积比:n^3 质量比:n^3

那么根据以上比例，试计算出，我们应该制作的3D打印坦克按照1:50的比例缩放后，各项数据应该是多少？完成下表

车体重(g)	
车底距地高(mm)	8
最大下陷深度(mm)	

26

27

图4-13 《3D打印在课堂·物理篇》页面

4.2.1.3 《玩转3D打印：奇妙的古代发明》

图4-14所示案例选自化学工业出版社出版的《玩转3D打印：奇妙的古代发明》，作

者通过制作中国古代历史的经典农具、兵器等，让学生快速、直观地了解榫卯结构，同时将物理的传动等知识融入其中。

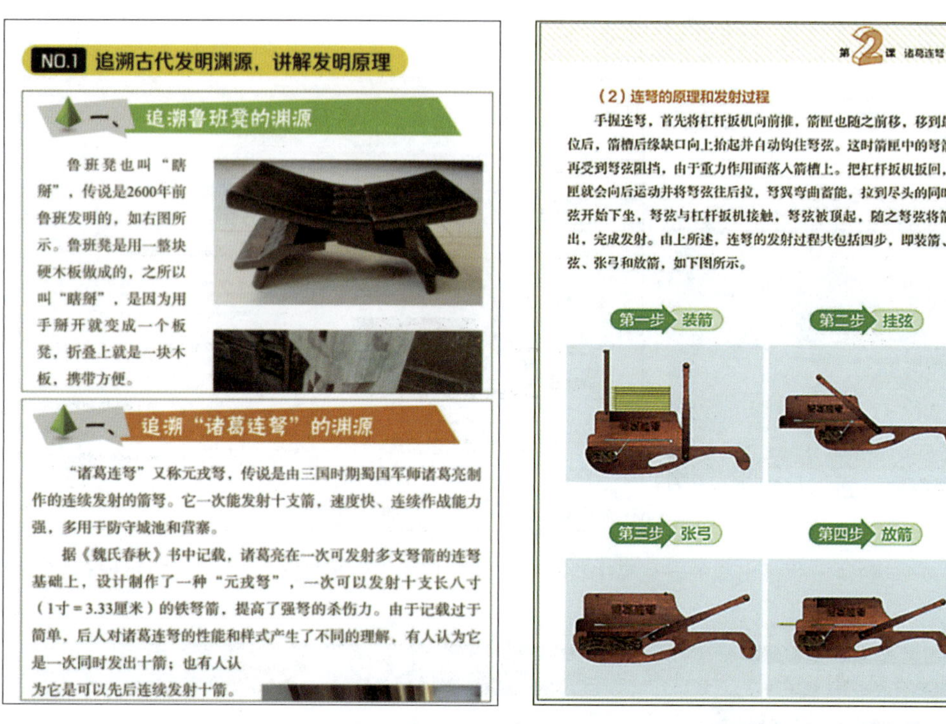

NO.1 追溯古代发明渊源，讲解发明原理

一、追溯鲁班凳的渊源

鲁班凳也叫“瞎掰”，传说是2600年前鲁班发明的，如右图所示。鲁班凳是用一整块硬木板做成的，之所以叫“瞎掰”，是因为用手掰开就变成一个板凳，折叠上就是一块木板，携带方便。

一、追溯“诸葛连弩”的渊源

“诸葛连弩”又称元戎弩，传说是由三国时期蜀国军师诸葛亮制作的连续发射的箭弩。它一次能发射十支箭，速度快、连续作战能力强，多用于防守城池和营寨。

据《魏氏春秋》书中记载，诸葛亮在一次可发射多支弩箭的连弩基础上，设计制作了一种“元戎弩”，一次可以发射十支长八寸（1寸＝3.33厘米）的铁弩箭，提高了强弩的杀伤力。由于记载过于简单，后人对诸葛连弩的性能和样式产生了不同的理解，有人认为它是一次同时发出十箭；也有人认为它是可以先后连续发射十箭。

第2课 诸葛连弩

（2）连弩的原理和发射过程

手握连弩，首先将杠杆扳机向前推，箭匣也随之前移，移到最前位后，箭槽后缘缺口向上抬起并自动钩住弩弦。这时箭匣中的弩箭不再受到弩弦阻挡，由于重力作用而落入箭槽上。把杠杆扳机扳回，箭匣就会向后运动并将弩弦往后拉，弩臂弯曲蓄能，拉到尽头的同时弩弦开始下坠，弩弦与杠杆扳机接触，弩弦被顶起，随之弩弦将箭顶出，完成发射。由上所述，连弩的发射过程共包括四步，即装箭、挂弦、张弓和放箭，如下图所示。

图4-14 《玩转3D打印：奇妙的古代发明》页面

类似的案例还有很多，为了解决高年级学生经常会被传统学科知识困扰的问题，例如数学的立体几何等知识，对于空间感知相对薄弱的学生来说，纸面上的字符与公式非常枯燥、乏味且难以理解，可以利用所学 3D 打印技能辅助学习。

学科（如数学、生物、物理、地理等）知识与三维设计和 3D 打印技术相结合后，很多看似复杂难懂的知识点从三维空间的角度来看则较容易理解，甚至学生和教师师可以自定义创造出更多教具，方便后面更多学生的学习和使用。

4.2.2 3D打印特色教学实践案例

4.2.2.1 中国儿童中心豆果创客空间

图 4-15 和图 4-16 所示案例选自中国儿童中心豆果创客空间经典课程“动感小火车”和“寻古迷踪”。课程中，教师将教会学生如何通过基本几何体搭建模型，然后使用贴纸给和用 3D 打印技术打印出来的车体模型进行美化，最后统一进行装配成为成品。

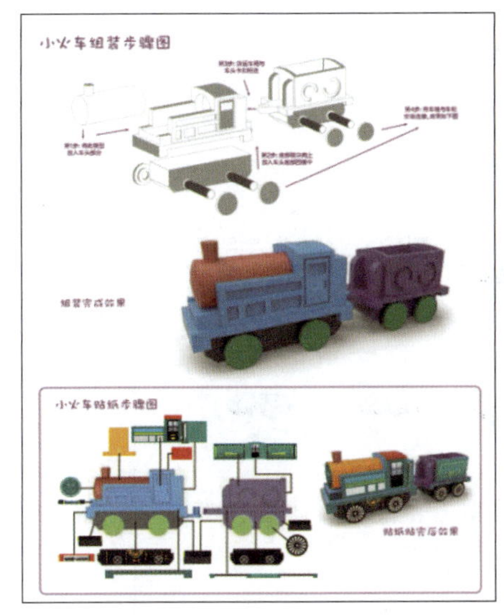

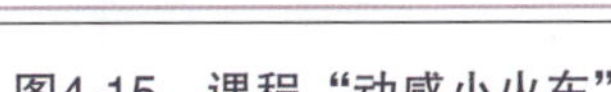

图4-15 课程“动感小火车”

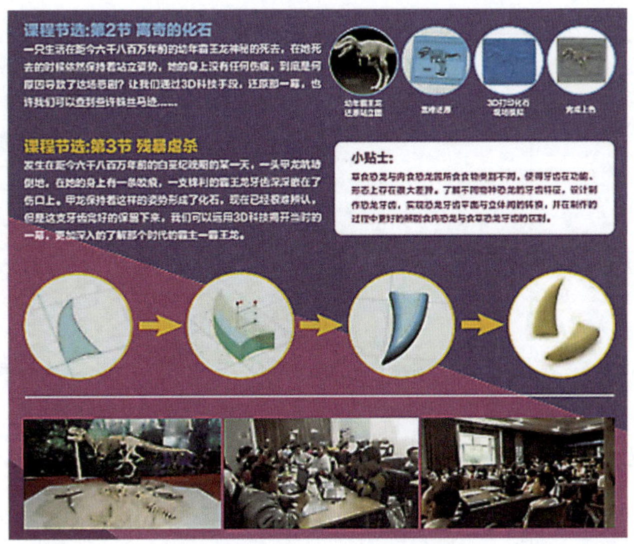

图4-16 课程“寻古迷踪”

为了提高学生学习的主动性，中国儿童中心在全国会不定期地举办面向创作师生的展示活动，如“爱家创酷”大赛、教师的“优秀课程”评选等，以各省、市级机构为中心，层层筛选优秀作品，向制作团队、家庭、教师进行作品教学、学习与创作的分享。

其实，3D 打印技术启蒙类课程旨在让学生了解 3D 打印技术的基本历史及相关原理。当前，3 D 打印技术应用领域的相关科普知识，尽可能让三维设计通过“一键成型”式的简易操作，迅速实现从三维模型到 3D 打印实体的过程，让学生“所见即所得”，提高学生学习这项技术的积极性，同时为他们呈现出“粗线条”的技术全流程，包括三维建模、三维渲染、三维切片、3D 打印、手工操作，以及立体彩绘和贴纸等。

4.2.2.2 北京贝勒教学工作室

图 4-17 所示案例为《疯狂造物：3D ONE 创意设计与制作完全攻略》中的第三章第 8 节，来自北京贝勒教学工作室的何超老师。何超老师作为一名创客教育课程开发者，希望借助三维设计和 3D 打印技术，让学生自己动手制作玩具和创意小作品。

据工作室教研人员反馈，K12 阶段的学生在提升 3D 打印技术制作的兴趣（见图 4-18）之后，了解和学习三维建模及 3D 打印工具逐渐成为重点，而使用 3D 打印机进行操作的熟练度，以及不同想法的实体造物呈现过程则成为关键。为了减少刚刚接触 3 D 打印技术的学生对于开展复杂操作的抵触心理，尽量选择操作简易、界面相对友好的建模软件，引导学生学习 3D 建模的不同功能模块的建模工具，完成各种类型的实体作品将是学生进一步提升和发展的方向（见图 4-19）。

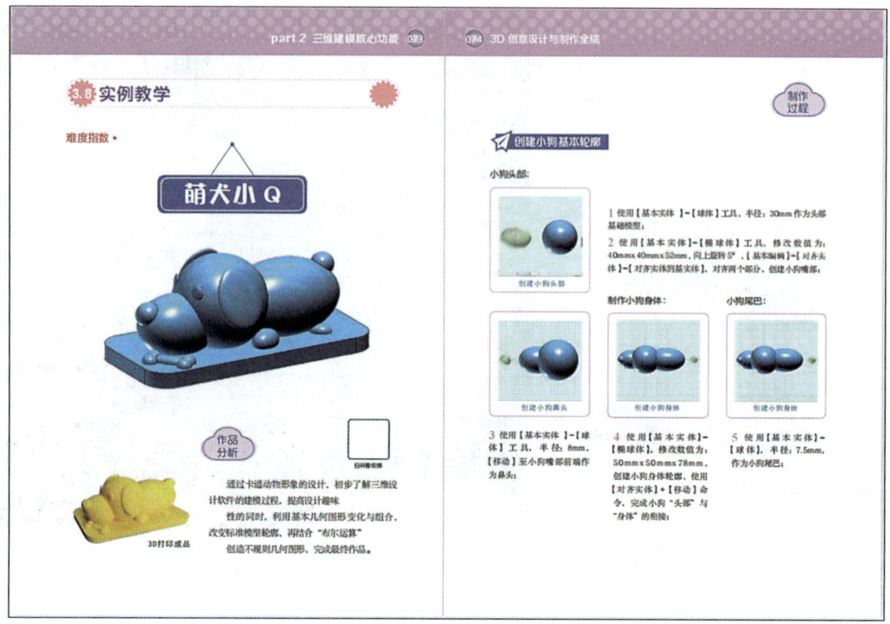

part 2 三维建模核心功能 073

3.8 实例教学

难度指数 •

萌犬小 Q

作品分析

通过卡通动物形象的设计，初步了解三维设计软件的建模过程，提高设计趣味

性的同时，利用基本几何图形变化与组合，改变标准模型轮廓，再结合“布尔运算”

创造不规则几何图形，完成最终作品。

3D打印成品

074 3D 创意设计与制作全搞

制作过程

创建小狗基本轮廓

小狗头部：

1 使用【基本实体 】-【球体】工具，半径：30mm 作为头部基础模型；

2 使用【基本实体】-【椭球体】工具，修改数值为：40mmx40mmx52mm，向上旋转5°，【基本编辑】-【对齐实体】-【对齐实体到基实体】，对齐两个部分，创建小狗嘴部；

创建小狗头部

制作小狗身体：

小狗尾巴：

创建小狗鼻头

创建小狗身体

创建小狗身体

3 使用【基本实体 】-【球体】工具，半径：8mm，【移动】至小狗嘴部前端作为鼻头；

4 使用【基本实体】-【椭球体】，修改数值为：50mmx50mmx78mm，创建小狗身体轮廓，使用【对齐实体】+【移动】命令，完成小狗“头部”与“身体”的衔接；

5 使用【基本实体】-【球体】，半径：7.5mm，作为小狗尾巴；

图4-17 《疯狂造物：3D ONE创意设计与制作完全攻略》页面

图4-18 3D打印造物课程激发学生学习兴趣

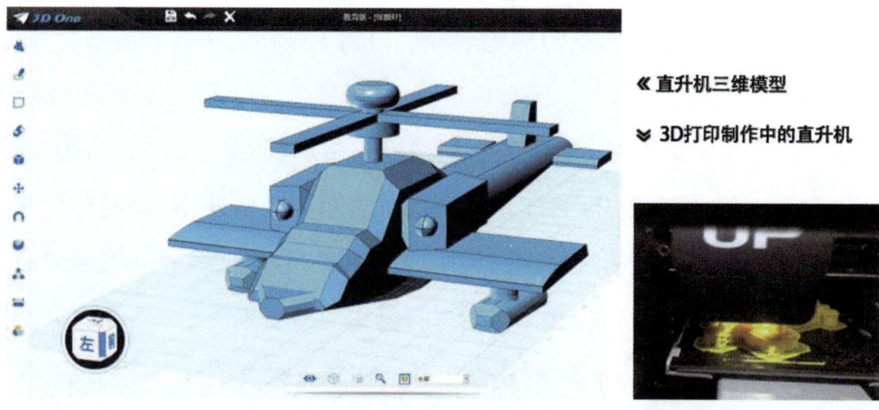

图4-19 小学4年级学生的3D打印作品

对于已经学习过“构思→设计→3D 打印”完整流程的学生来说，迅速学习关于设计与工程结构的深层内容，很可能使学生的学习兴趣下降，适当地融合简单编程与开源硬件内容，创作生活中的小物件，让 3D 打印的实物变成能动、能亮、能发声的作品无疑是最佳选择。这也可以把信息技术各模块之间关联起来，做到科学知识的融会贯通。

4.2.3 3D打印项目式教学课程案例与分析

4.2.3.1 3D 打印创意场景设计与制作

学生完全掌握三维设计、3D 打印、电子编程和开源硬件等基本技能之后，需要对完成作品的可用性和质量提出进一步要求。本着节约材料、时间的原则，营造具体情景，从人们实际使用的需求或遭遇的问题出发，进行解决方案的造物设计，是 3D 打印技术在项目式教学（project-based learning，PBL）中发挥的最大作用。教学成果《疯狂造物：3D 打印创意场景设计与制作指南》（见图 4-20）已由化学工业出版社出版。

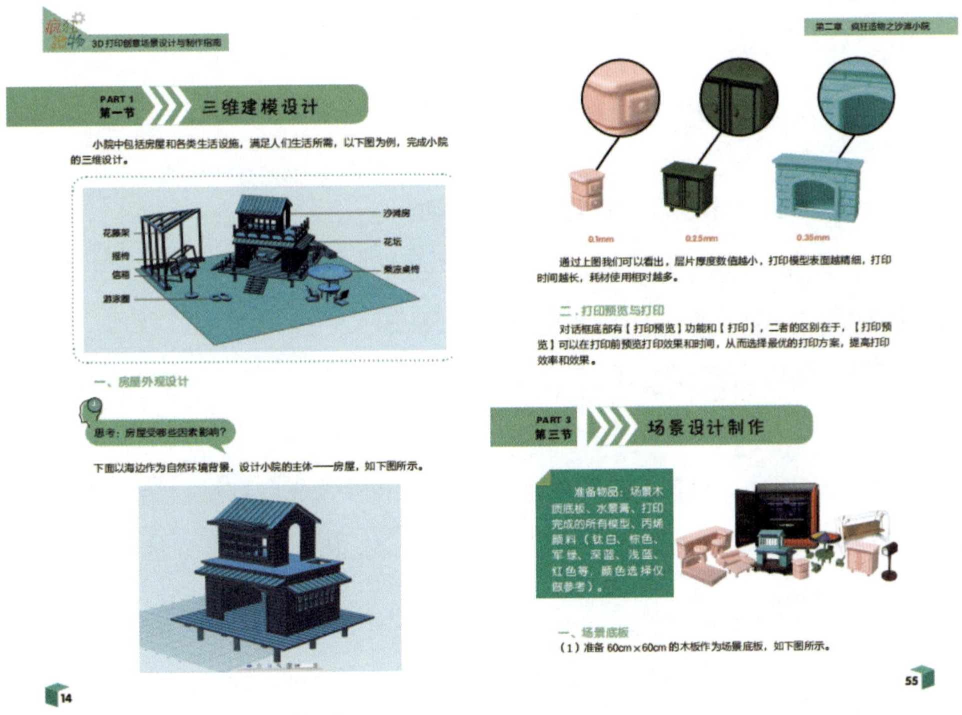
3D打印创意场景设计与制作指南

PART 1 第一节 三维建模设计

小院中包括房屋和各类生活设施，满足人们生活所需，以下图为例，完成小院的三维设计。

一、房屋外观设计

思考：房屋受哪些因素影响？

下面以海边作为自然环境背景，设计小院的主体——房屋，如下图所示。

14

第二章 疯狂造物之沙滩小院

通过上图我们可以看出，层片厚度数值越小，打印模型表面越精细，打印时间越长，耗材使用相对越多。

二、打印预览与打印

对话框底部有【打印预览】功能和【打印】，二者的区别在于，【打印预览】可以在打印前预览打印效果和时间，从而选择最优的打印方案，提高打印效率和效果。

PART 3 第三节 场景设计制作

准备物品：场景木质底板、水景膏、打印完成的所有模型、丙烯颜料（钛白、棕色、军绿、深蓝、浅蓝、红色等，颜色选择仅做参考）。

一、场景底板

（1）准备 60cm×60cm 的木板作为场景底板，如下图所示。

55

图4-20 《疯狂造物：3D打印创意场景设计与制作指南》页面

4.2.3.2 3D 打印鸟巢课程案例

图 4-21 所示案例选自北京乐成国际学校与首都师范大学鸟类研究专业的项目式教学

实践课程——保护可爱的鸟类。课程要求学生以 2 人为一小组，配合鸟类研究员一起根据高黎贡保护区国家级保护鸟类的生活习性，构筑人工鸟巢，通过三维设计与 3D 打印技术完成鸟巢的外壳，再将电子元器件置于其中，用于实时采集和处理日常鸟类的生活数据。

图4-21　项目式教学案例展示

4.2.4　3D打印相关赛事案例

4.2.4.1　中小学生技术创意设计现场展示活动

2018—2019 年北京市教研院在北京市中小学开展"北京市首届中小学生技术创意设计（TID）现场展示活动[①]"，面向零基础的 K12 阶段的学生，如图 4-22 所示。参赛选手需要设计一座桥梁并利用 3D 打印制作连接节点。

在这个赛事中，选手不仅需要学习如何使用三维设计软件、3D 打印机等完成桥梁关键零件的制造，还要求学生通过反复计算验证得出桥梁节点数量与结构的最优解。此外，在竞赛规定的 4 小时内，需要 2 名学生通力配合，从而综合考察他们的沟通、协作能力。

4.2.4.2　青少年人工智能教育成果展示大赛

2020 — 2021 年教育部推荐的"少年硅谷——全国青少年人工智能教育成果展示大赛"中专门设立了"人工智能创客工具运用类"赛项，要求中小学生能在 4 个小时内完成搭建"创

① 区教委 . 北京市首届中小学生技术创意设计（TID）现场展示活动举行 . 北京市朝阳区人民政府 ,2018.12.07.http://www.bjchy.gov.cn/affair/domain/jy/8a24fe83678062ba0167812c48260187.html.

意天梯”，结合三维设计、3D 打印技术、开源硬件以及编程来解决“冬奥会高速滑雪赛场场地搭建”的难题，如图 4-23 所示。

图4-22　北京市首届中小学生技术创意设计（TID）现场展示活动

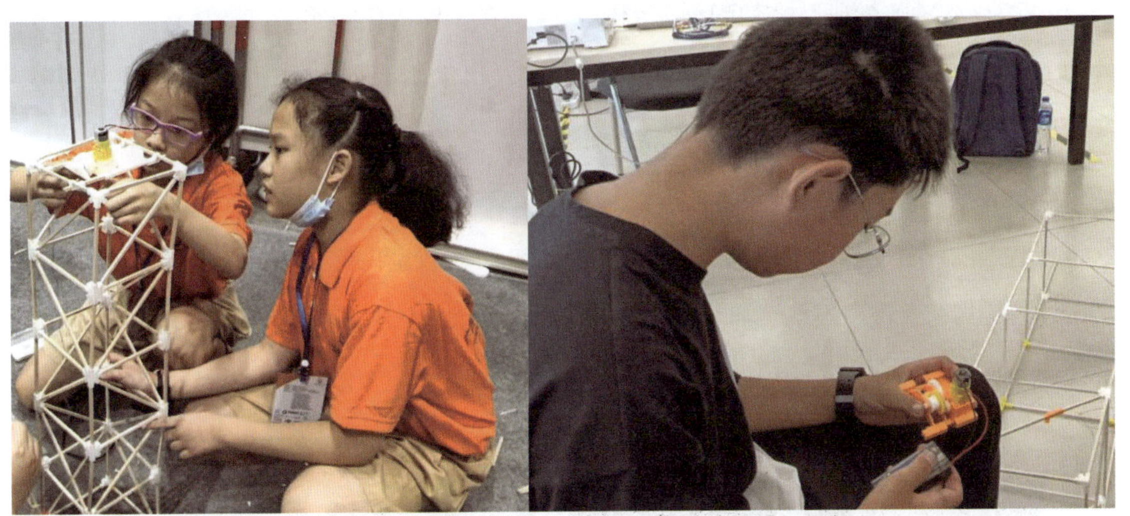

图4-23　“人工智能创客工具运用类”赛项现场展示活动

4.2.5　中小学3D打印教室建设参考方案

建设 3D 打印教室是目前面向中小学生开展创新思维培养、智能制造与劳动技能相结合的最普遍的解决方案，既能满足当前国家义务教育阶段在学校内开展课后社团活动的需求，也适应当前 3D 打印实际操作的授课条件。

4.2.5.1 中小学3D打印教室建设理念

通常，国内中小学建设的3D打印教室符合以下理念。

① 融合目前创客空间关于智能制造的主流模块，比如三维设计、3D打印、手工创作等，将整个创客空间打造成一个整体，而不是各种设备的储藏室。

② 在创客教育、STEAM教育和项目式学习等诸多创新教育教学方法论指导下开展科普教育活动、创新实践课程，有利于快速复制并推广至学校内绝大多数学生。

③ 依托相关软件、硬件设备、材料等，提供完善的教学课程体系，解决学校开展创客教育的教学资源问题。

④ 实验室中既有各模块各自的教学部分，同时也可以将智能电子与智能制造进行有机融合，为学校带来全新的教学内容，激发教师和学生更多的创作热情。

⑤ 兼容更多学校已经配备的设备器材，比如平板电脑、智能背投、智能录播等，降低学校建设和运维相关费用。

⑥ 要做到“产学研”密切配合，形成一套具有学校特色的实验室整体运营体系，包含师资培训，课程的定制开发，软硬件设备的升级、维修和保养以及师生赛事的支持服务，让学校真正能够用得起来、用得有效。

4.2.5.2 3D打印教室建设方案介绍

据对国内部分学校的调查，中小学目前的3D打印教室主要分为以下两种形式，一种是由计算机房或普通教室改造而来，如图4-24所示。场地相对较小，学生操作空间难以保证，但实操氛围较好，学生之间可以快速沟通。

图4-24 由计算机房或普通教室改造的3D打印教室

另一种为专门的创客教室或者3D打印专用教室（见图4-25和图4-26），其布局则更加合理，富有科技感和时尚感，造物工具也相对丰富，给学习者提供更舒适的学习环境。

图4-25 3D打印专用教室三维展示图

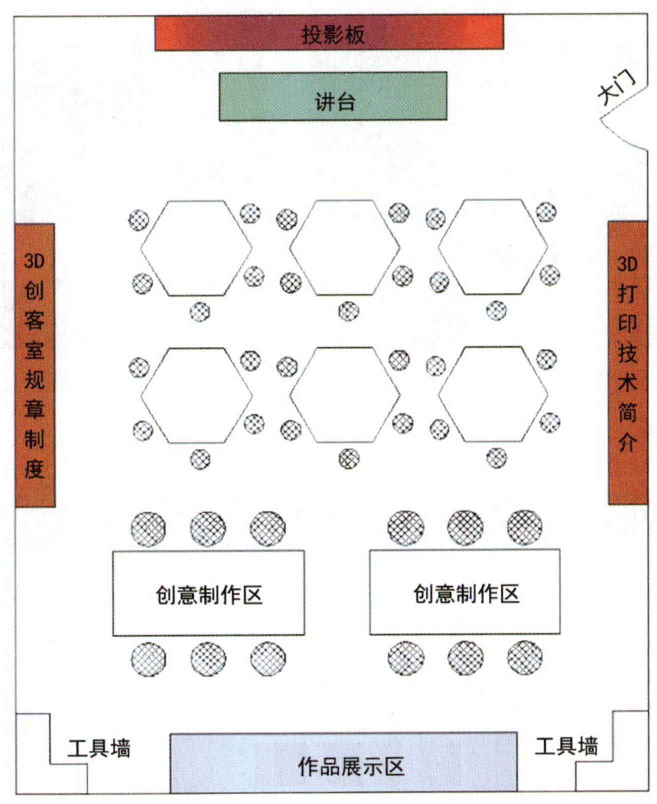

图4-26 3D打印专用教室平面展示图

4.2.5.3 3D打印教室建设实例

国内中小学3D打印专用教室主要形式有“旧教室改造”“新建创客中心”和“专用3D打印教室”等。以下分别以北京、山东、山西等地区中小学3D打印教室的真实情况作为样本进行说明，如图4-27~图4-30所示。

图4-27 北京市昌平区第一中学3D打印教室

图4-28 北京市第五十中学分校3D打印教室

图4-29 山东省青岛市黄岛区实验小学3D打印教室

图4-30 山西省襄汾市青少年科技中心

4.3 育人价值分析

3D 打印技术应用于教育，在效用层面最核心的价值为“可视化地呈现知识、概念模型”与“系统性地梳理从构思层面到设计层面再到实体造物层面的转变”。在思维层面上，可以引导学生不只在学科学习方面，也在生活的方方面面养成“模型思维”的意识、方法和习惯。从想法到实现的全过程潜移默化地提高学生的手脑协调能力，在与人协作、共同完成项目的过程中可以培养学生试错精神与合作共赢思想。

4.3.1 培养学生动手实践能力

无论是前面提到的 3D 打印启蒙型课程案例，还是 3D 打印学科融入型课程案例，又或者是 3D 打印项目式教学课程案例，这些都可以视为动手操作实践的劳动技术型课程。其教学课程设计的初衷是希望学生亲自动手设计与制作，经历完整的“构思→设计→制作”

全过程。从某种层面讲，这属于“新劳技”的技能学习范畴，也是未来教育的发展方向。2020 年年初，中共中央、国务院发布的《关于全面加强新时代大中小学劳动教育的意见》中就明确做出具体的五项说明，要求重新定义并坚持中小学新劳动教育课程设置与执行办法。

4.3.2 培养学生互助协作能力

各种课程案例还可以培养学生之间的协同共享能力。随着学生造物技能的不断提升，其创作的想法也在不断地升级，而学生所擅长的领域并不全面，需要精于不同专业知识的学生间相互交流与配合，才能够实现全新作品的设计与制作。如“3D 打印鸟巢课程案例”，精通三维设计的学生需要与精通 3D 打印制造、美术绘画的学生进行合作来构筑鸟巢，也需要与首都师范大学鸟类研究员一起配合，获取更多鸟类的相关信息。

4.3.3 培养学生跨学科思维能力

3D 打印教学创新需要学生的学习不再停留在单一的学科知识层面，而是将多门学科知识和技能通过相关的教学活动与学生原有认知结构形成连接，进而转化为新的认知结构，实现多方面知识的增加和技能的提高。教学过程中，既要以传统学科（如数学、物理、生物等）知识作为开展项目式教学的理论基础，又要通过现代化科技手段（如三维设计和 3D 打印等）作为创作工具，从而打开学生认知的窗口，不断提高学生解决问题的能力。

4.3.4 创新创造能力

目前，3D 打印课程的重点已经不仅是培养学生的造物技能，而是要培养学生的创新造物能力，即给予学生更多联想空间，让其能够将现实生活中遇见的具体问题抽象为有待解决的造物要求，结合所学的知识和了解到的信息，学习解决问题的方法，提高自身能力。

4.4 未来发展与展望

4.4.1 与先进教育理念同行

教育思想的更新迭代是学生创新思维与教学实践的改良的重要推动力。无论是采取“创客教育”“STEAM 教育”“素质教育”，还是“项目式教学”，都必然经历从“Learn to Make ”

（学习制造）到“Make to Learn”（制造启发学习）教育思维的转变。

“Learn to Make”的字面意思是“学习制造”，即引导中小学生专注学习造物技术和造物工具，如三维设计、3D 打印等，然后通过有效且合理地分配学生学习知识与进行实践的内容，提升学生的创新意识和解决问题的能力。

“Make to Learn”被称作“制造启发学习”，即青少年通过使用造物装备和技能创造作品，创造过程中深化学科知识，使学生对交叉学科产生兴趣。这样一方面可以引导学生更加深入地学习理论知识，另一方面可以通过所学信息技术和通用技术进行造物训练，从而启发学生造物要基于对真实情景的思考与升华，并在不断改进和完善造物作品的过程中，使作品更加具有科学性、实用性，所得到的造物理念更能经得起质疑与推敲，真正实现学生综合素质的全面提升。

如果说“Learn to Make”强调技术的被动式学习，那么“Make to Learn”则更注重学生主动的探究式学习。随着更多教育理念的不断更迭，还会有更多、更先进的教育理念涌现出来，其与当今迅速发展的信息技术和通用技术将会碰撞出全新的教育模式。

4.4.2 以产品为导向的教学形式

从目前学生学习和创作的作品来看，其主要集中表现在 3D 打印作品外观的创新性和美观性上，对于结构的稳定性以及材料的节约性涉及较少。而个性化教具的设计可以为师生提供更广阔的设计思路。一方面，对于学生的创作理念提出了更加落地的指导方向；另一方面，能够为学校日常教学带来极大的方便。

此外，未来学生的教学环境将更加接近真实状态，学生的成绩并不局限于教师的打分，还要以真实造物的使用价值、商用价值以及产品原型的受欢迎程度或众筹数量为考量依据。学生可以扮演产品生产环节的关键角色，如设计工程师、电器工程师等，真正模拟产品的制造过程，设计与制造具备真实使用价值甚至是商用价值的物品。

例如，如果要制造一个智能水杯，学生首先要为产品的使用者模拟画像，以便了解用户的真实需求，分析不同人群在使用过程中的使用习惯和可能出现的问题，然后基于当前所掌握的造物知识与造物技能，再结合所拥有且能够掌握的教育装备来完成作品雏形。最后经过不断的迭代与改造，完成最终作品——能够投入市场供目标人群真正使用的产品，并为特定人群解决问题。

新型显示技术

5.1 历史与现状综述

显示技术是指利用电子技术提供变换灵活的视觉信息的技术[①]。显示屏（display）也称为显示面板，是电子设备最常见的输出装置。显示屏的发展先后经历了三个典型的时代：CRT（Cathode Ray Tube，阳极射线管）时代、LCD（Liquid Crystal Display，液晶显示器）时代、OLED（Organic Light-Emitting Diode，有机发光二极管）时代，如图 5-1 所示。[②]

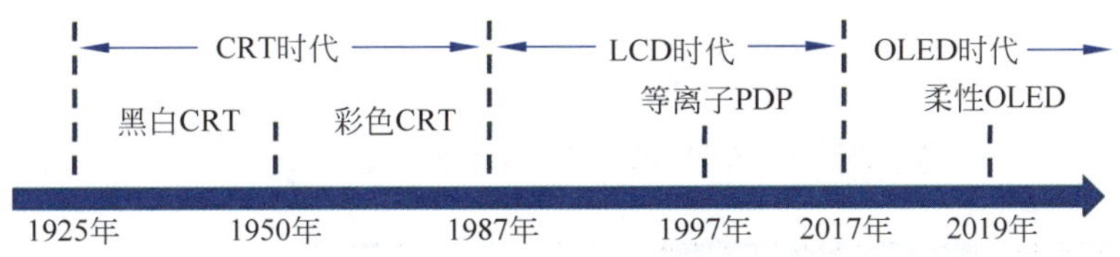

图5-1 显示器的发展过程

5.1.1 显示技术的发展简史

显示技术代替印刷技术成为知识、信息传播的主要途径，已有 100 多年的历史。随着人们对显示器色彩要求和显示实用性要求的提高，显示器件市场发生了翻天覆地的变化。尤其是近年来，通信技术的迅速发展及人们对显示设备色彩和实用性要求的提高，迫使显示设备向多功能和数字化方向发展。具体来说，现代显示器件正向高密度、高分辨率、节能化、高亮度、彩色化、大屏幕的方向演化发展。

第一阶段是 CRT 时代。20 世纪 90 年代的主流显示屏都采用 CRT，计算机、电视都

---

① 魏文君，徐亨，刘学清，等 . 现代显示技术发展与展望 [J]. 功能材料与器件学报，2015，21(5):99-106.

② CRT、LCD、OLED 都指代的是显示技术，文中为了叙述方便，一般指的是采用这些技术及衍生技术的显示屏或显示面板。

带着厚重腔体的显示器。CRT 工作原理及显示器如图 5-2 所示。

图5-2 CRT工作原理及显示器

第二阶段是 LCD 时代，同时期出现了 PDP（Plasma Display Panel，等离子显示板）等离子屏。LCD 又因为技术细节不同，衍生出了类似于软屏、硬屏、TFT（Thin Film Transistor，薄膜晶体管）、UFB（Ultra Fine Bright，超亮度液晶显示器）、TFD（Thin Film Diode，薄膜二极管）、STN（Super Twisted Nematic，超扭曲向列型液晶显示器）等不同的技术。LCD 工作原理及显示屏如图 5-3 所示。

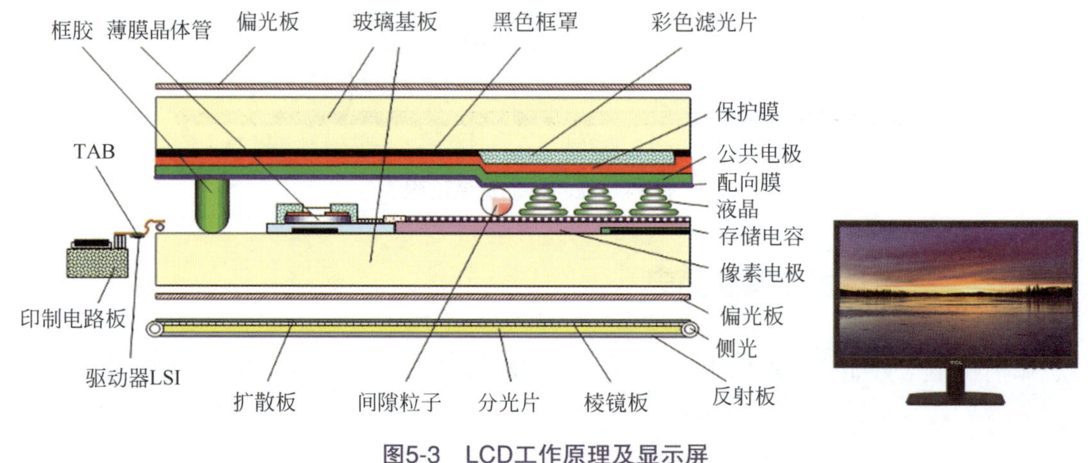

图5-3 LCD工作原理及显示屏

第三阶段是 OLED 时代，因其自发光、广视角、高对比度、低耗电、极高反应速度等优势，被誉为继 CRT、LCD 之后的第三代显示技术。OLED 工作原理及显示屏如图 5-4 所示。

5.1.2 显示技术与教育

在传统的教育中，知识的传播均依靠教师在黑板上书写及同步讲解，教学形式单一，

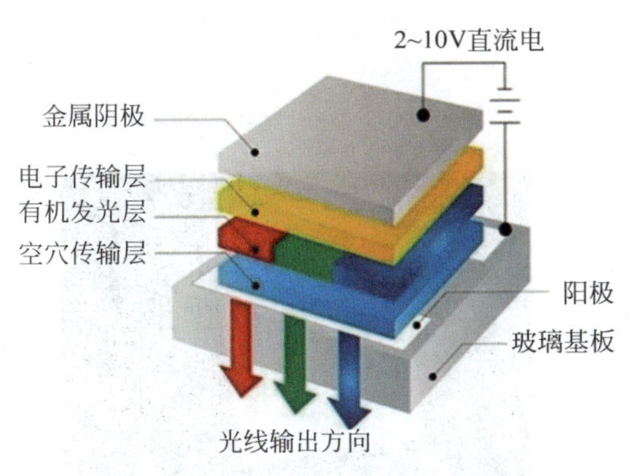

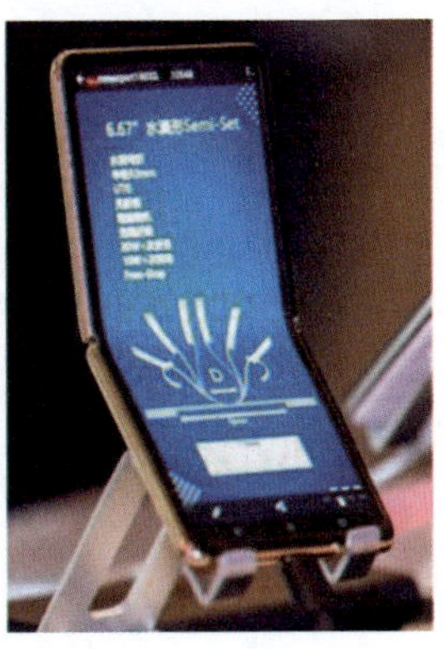

图5-4 OLED工作原理及显示屏

学生理解困难；“教育信息 1.0 时代”，课堂教学增添了以录音机、录像机等辅助设备，但普及率低；“教育信息 2.0 时代”，课堂教学中采用的多媒体设备成为教育领域中的主导，多媒体中控系统、触屏一体机、平板电脑、电子白板、智慧黑板等多媒体设备成为教学领域中的主要教学设备，且覆盖范围广，网络教学播录系统等融入教育领域。教育信息共享化对于二三线城市以及边远地区教学机构提升教学品质带来了极大的助力。运用显示技术的各类多媒体电子显示设备（如投影、显示器、平板、VR 等），起到了不可或缺的作用。

当代多媒体教学相较传统教学具有明显的优势。

① 改变了传统教学中粉笔加黑板的单一、呆板的表现形式，能将抽象、陌生的知识直观化、形象化，激发学生学习兴趣，调动其主动学习的积极性。

② 将一些在普通条件下难以实现、难以观察到的过程形象化显示出来。

③ 活跃课堂气氛，加深巩固教学内容，使学生感受学习带来的喜悦，寓学于乐。因此，教学所用课件的知识表达能力更强，给学生留下的印象更深。

据教育部 2018 年发布的《教育信息化 2.0 行动计划》，我国将在 2022 年基本实现数字校园建设覆盖全体学校。随着校园网络、电子白板的普及，纸张的数字化也将成为日后教育数字化的重点。

无纸化教育是指利用计算机技术、网络技术、通信技术及科学规范的管理对校园内与学习、教学、科研、管理和生活服务有关的所有信息资源进行整合、集成的数字化教育。便携式电子设备逐渐代替印刷产品，成为知识、信息传播的主体。无纸化教育不仅是对教学模式的进一步优化，也是对国家森林资源的一种保护。

在这种大背景下，无背光低功耗类纸屏显示技术便应运而生，其代表是黑白电子墨水屏（见图 5-5）和全彩反射液晶屏（见图 5-6）。

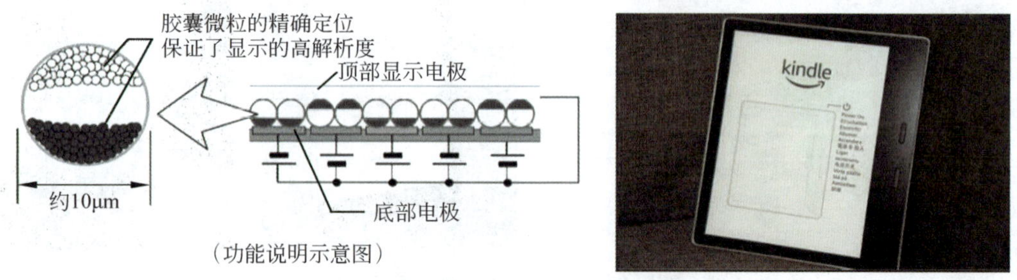

图5-5　黑白电子墨水屏

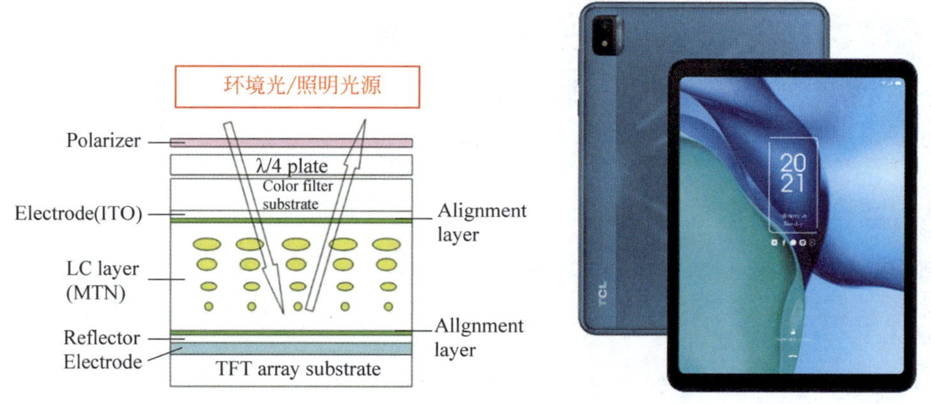

图5-6　全彩反射液晶屏

5.1.3　电子显示设备的弊端

丰富的教育类电子显示设备提高了教育素材的多元化，同时也增加了使用者用眼负担。

2021 年 7 月 13 日，国家卫生健康委举行新闻发布会，介绍了儿童青少年近视防控和暑期学生健康有关情况。数据显示 ①，2020 年，我国儿童青少年总体近视率为 52.7%。其中，6 岁儿童为 14.3%，小学生为 35.6%，初中生为 71.1%，高中生为 80.5%。根据世界卫生组织一项研究报告可知，目前我国近视患者达 6 亿人，青少年近视率居世界第一并呈逐年上升的趋势，青少年眼健康已经成为我国重大公共卫生问题。

① 国家卫生健康委员会 2021 年 7 月 13 日新闻发布会文字实录 .http://www.nhc.gov.cn/xcs/s3574/202107/2fef24a3b77246fc9fb36dc8943af700.shtml.

当前显示技术及电子显示设备存在的健康和视力危害如下。

① 视力下降。电子设备主要以 LED 作为背景光源。其中包含了大量高能短波蓝紫光，可以穿透晶体房水直达视网膜，长期使用会诱发老年黄斑变性，损害视网膜，对视觉细胞造成不可逆的伤害。长期受蓝紫光影响，眼睛会有弱视趋势。

② 视疲劳。使用电子设备时，其一般被放在眼前比较近的地方。眼睛视近时，眼外下直肌和内直肌会收缩，眼内睫状肌收缩睫状突形成的环缩小，悬韧带松弛，晶状体固有弹性变凸使其屈光力自动加强。眼睛长时间处于近视状态，眼外肌和睫状肌长期紧绷会使眼睛产生疲劳。另外，电子产品的屏幕是直接发光体，内容丰富多彩，颜色鲜艳亮丽，不停闪烁，对人眼刺激较大，易造成眼睛干涩视觉疲劳，人眼长期处于这种疲劳状态下就会引发近视。

③ 散光。很多用户喜欢躺着使用电子设备，长期如此会使角膜变形，形成角膜散光。另外，电子设备屏幕表面很光滑，背光使用时容易产生眩光，眩光会导致眼睛重复聚焦与眯眼形为。这种非正常用眼姿势不但会加重视觉疲劳，还易导致散光。

5.1.4　国家层面采取的措施及目标

2016 年，中共中央、国务院印发《“健康中国 2030”规划纲要》，提出将健康教育纳入国民教育体系，把健康教育作为所有教育阶段素质教育的重要内容。紧接着，国家卫生计生委、教育部等据此联合印发《关于加强儿童青少年近视防控工作的指导意见》。

2018 年 8 月，教育部、国家卫生健康委员会、国家体育总局、财政部、人力资源社会保障部等八部门联合印发了《综合防控儿童青少年近视实施方案》。

2019 年 7 月，《国务院关于实施健康中国行动的意见》印发，国务院办公厅配套印发《健康中国行动组织实施和考核方案》，国家层面成立健康中国行动推进委员会并印发《健康中国行动（2019—2030 年）》。

5.1.4.1　国家防控近视措施

针对现状，教育部等八部门印发《综合防控儿童青少年近视实施方案》，提出以下措施，用于从宏观上建立良好的使用环境，培养人们的健康用眼习惯。

① 增加户外活动和锻炼。

② 控制电子产品使用。

③ 减轻课外学习负担。

④ 避免不良用眼行为。

⑤ 保障睡眠和营养。

⑥ 改善视觉环境。

⑦ 坚持眼保健操等护眼措施。

5.1.4.2 国家防控近视目标

教育部等八部门关于印发《综合防控儿童青少年近视实施方案》的通知中确定：到 2023 年，力争实现全国儿童青少年总体近视率在 2018 年的基础上每年降低 0.5 个百分点以上，近视高发省份每年降低 1 个百分点以上。到 2030 年，实现全国儿童青少年新发近视率明显下降，儿童青少年视力健康整体水平显著提升，6 岁儿童近视率控制在 3% 左右，小学生近视率下降到 38% 以下，初中生近视率下降到 60% 以下，高中阶段学生近视率下降到 70% 以下，国家学生体质健康标准达标优秀率达 25% 以上。

5.1.5 评判机构的发展

除了显示技术的护眼领域在发展外，显示技术护眼效果的评判认证机构也在不断探索与进步。

5.1.5.1 德国莱茵 TÜV 集团

德国莱茵 TÜV 集团（以下简称 TÜV 莱茵）是一所国际性的认证机构，在全球 30 多个国家设有分支机构。作为久负盛名的国际性认证机构在产品检验和认证领域已有 130 多年的历史，形成了一套完整和严谨的检验理论和方法，致力成为提供安全、质量认证服务的领先者。该公司在全球拥有 80 多个分支机构，超过 7400 名专业人员，为世界各国客户提供全面的安全与质量服务，是国际上独立测试产品安全与品质及管理体系的权威，在德国甚至欧洲被广泛接受。

TÜV 莱茵率先将独家开发的低蓝光视觉人体工学检测要求带入显示器行业，引导产业不断改进有害蓝光的管理。TÜV 莱茵也针对显示器不闪频、反光、眩光等护眼问题开发出不同的屏幕检测方法。目前，TÜV 莱茵的低蓝光认证已经在显示器领域获得市场高度认可，如图 5-7 所示。

图5-7 德国莱茵TÜV关于低蓝光认证的发展阶段

5.1.5.2 SGS

2021 年 5 月 31 日，国际公认的检验、鉴定、测试和认证机构 SGS 携手中国标准化研究院（以下简称中标院）共同在 2021 ICDT 国际显示技术大会现场举办“视觉工效创新联盟发起仪式暨中标院与 SGS 人因认证战略合作签约仪式”。其联盟成员有中标院、中国科学院心理研究所、温州医科大学、联想、TCL、OPPO、TCL 华星、京东方等。其目的是基于国际适用标准和行业通用规范，结合大量的数据积累，以人为本，全面开发一系列客观测量与人因分析相结合的光学评估方案，对 Children Care Design（儿童护眼）、Gaming Design（电竞显示）、Eye Friendly（爱眼）、Clarity（清晰）、Smooth（流畅）、Vivid（真彩）、Ambient light adaptation（环境光自适应）等性能进行认证，致力于协助厂商从研发初期导入真护眼、真流畅的技术。

5.1.5.3 中国电子视像行业协会

中国电子视像行业协会是经国家民政部批准的具有社团法人资格的全国性行业组织。中国电子视像行业协会作为我国消费电子领域最具权威性和影响力的国家一级行业组织，经过 30 多年的发展，业务范围已涵盖数字视听（电视机、商用显示设备、摄录编设备），数字家庭（智能家居），视频监控，智能云服务等全产业链上下游。该协会在行业标准制定、市场规范、行业自律、海外维权、政策制定等方面取得了突出成就，充分维护了行业利益和会员合法权益。

针对护眼显示技术，该协会提出了一整套的评价体系（见图 5-8）。

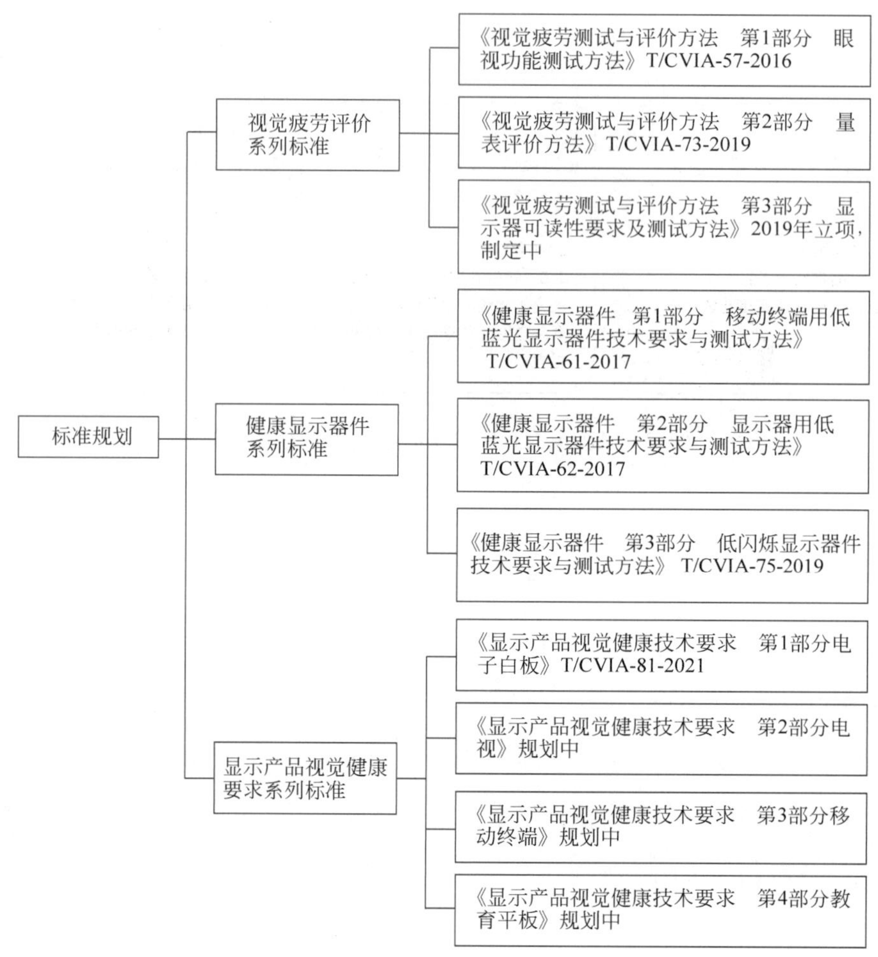

图5-8 评价体系

5.2 典型应用案例

5.2.1 三屏智慧黑板（防眩光）

三屏智慧黑板由中间可显示的主屏和左右两侧不可显示的副屏组成，外表面采用防眩光纳米钢化玻璃，将传统的手写黑板和多媒体设备相结合，能有效过滤 80% 有害光，具备防尘、防水、抗暴、保护视力等特性，如图 5-9 所示。当中间显示屏关掉时，三屏组成一整块传统黑板，用粉笔在上面进行书写。而当中间显示屏打开时，显示区域可通过教学水笔与显示设备交互，达到书写的效果和各种应用的操作。

图5-9 三屏智慧黑板

相较于传统的黑板，采用集黑板、智慧白板、投影仪、投影幕布、计算机、音箱、展台等设备为一体的三屏智慧黑板，不仅可以避免粉尘影响，还可以实现多屏互动，让枯燥课堂充满乐趣，提高学生学习的积极性，进一步打造欢乐课堂，让教学更高效。

5.2.2 移动学习平板电脑

5.2.2.1 硬件低蓝光护眼显示技术学习平板

传统显示器采用 LED 灯作为发光源，普通 LED 灯发出的光是波长为 380~500nm 的蓝光，为高能可见光。普通 LED 灯光谱与自然光光谱的对比如图 5-10 所示。临床研究表明，波长为 415~445nm 的高能蓝紫光能够穿透晶状体直达视网膜，使视网膜内产生自由基，导致视网膜色素上皮细胞衰亡，从而引发视力不可逆的损伤。而波长为 445~500nm 的蓝绿光对于保护视力，维持对比度、色觉，瞳孔反射和发育必不可少，还有助于同步昼夜节律，维持和调节记忆、情绪和荷尔蒙平衡[①]。

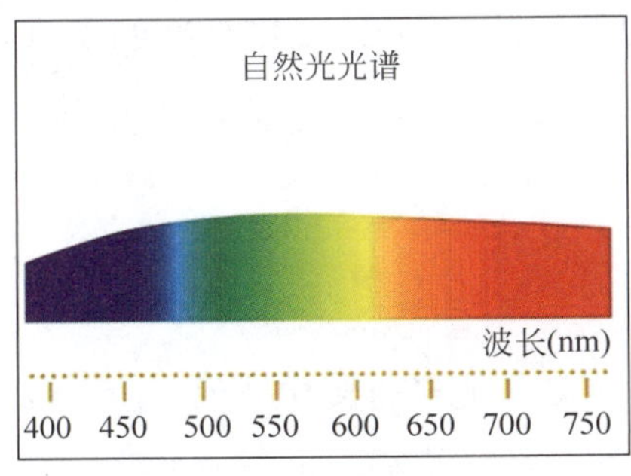

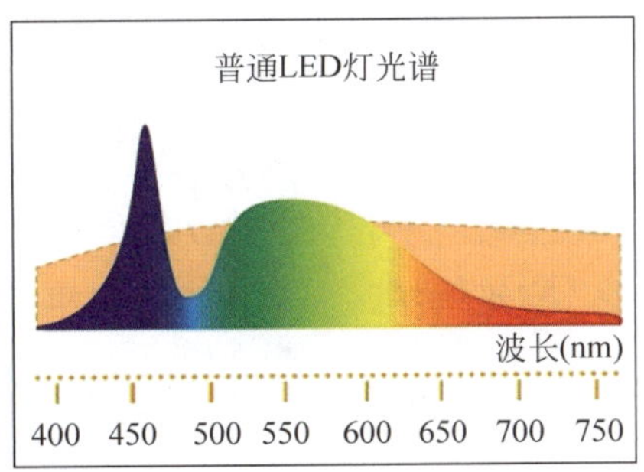

图5-10 普通LED灯光谱与自然光光谱

① 黄梅 . 不同波长激光视网膜损伤比较及对细胞粘附分子 -1 等的影响 [D]. 重庆：第三军医大学 ,2002.

为了降低高能蓝光对人眼的影响，市面上通常有两种做法：一种是软件防蓝光，另一种是硬件防蓝光，如图 5-11 所示。

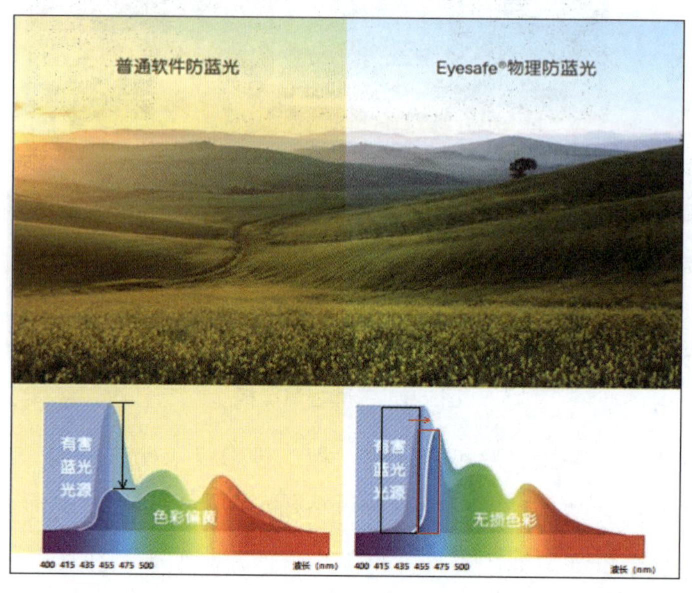

图5-11 普通软件防蓝光效果和Eyesafe物理防蓝光效果

软件防蓝光的原理是通过调整色板像素中的蓝光值，让原本应该显示的蓝光量减少，从而达到低蓝光的效果。软件低蓝光的弊端是由于发出的蓝光量减少，面板会出现严重的偏色问题。市面上大多数依靠软件优化的低蓝光产品在开启所谓的“护眼模式”后，屏幕都会整体泛黄，甚至呈现绿色，失去原画色彩。

硬件防蓝光的原理是直接革新 LED 发光源中的主要物质——磷粉，通过改变蓝光强度峰值的光谱分布来实现防蓝光效果。简单点说就是发出的蓝光量不变，但整个波峰右移，让光源中原本伤眼的高能蓝光的波长变为安全值，这样既可以达到护眼效果，也不会产生偏色的问题，兼顾了视觉保护和显示效果。

该硬件防蓝光技术不仅获得了 TÜV 莱茵硬件低蓝光和 Eyesafe 标准的双重认证，也得到了国内权威机构的认可，可满足国家数字音视频及多媒体产品质量监督检验中心推出的《视觉低疲劳电子产品评测技术规范》要求。

5.2.2.2 宣纸屏护眼显示技术学习平板

宣纸屏护眼技术的核心是对自发光光线及外界环境光进行转化处理，使光线变得柔和舒适不刺眼，真实还原纸张质感，有阅读书本一样的体验，如图 5-12 所示。

目前，市面上主要有以下两种技术。

图5-12　宣纸屏护眼显示技术学习平板

（1）AG 玻璃盖板纳米蚀刻技术（Anti-glare glass）

该技术的原理是让环境光在屏幕表面产生漫反射，有效避免屏幕反光，使阅读时光线变得柔和不刺眼，如图 5-13 所示。

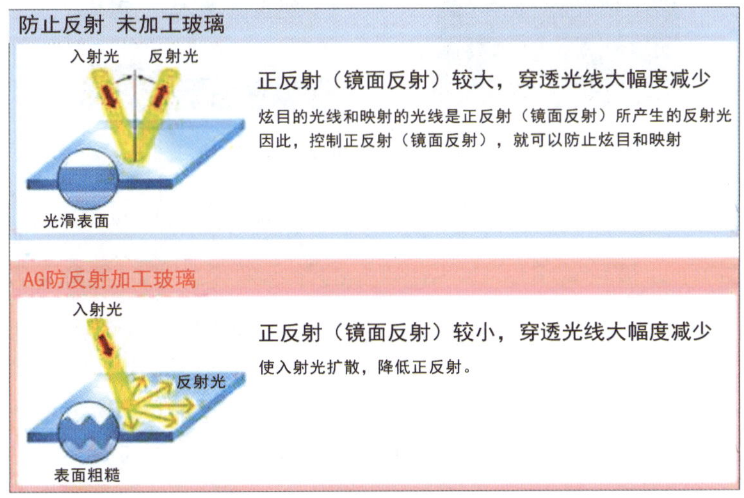

图5-13　防止反射未加工玻璃与AG防反射加工玻璃原理对比

（2）背光膜材多层散射

该技术的原理是背光膜材采用扩散材料，将背光发出的光经过层层散射变得柔和舒适不刺眼，如图 5-14 所示。

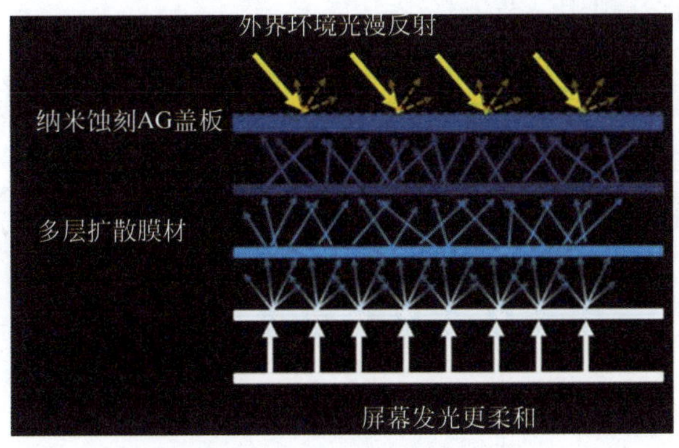

图5-14　背光膜材多层散射原理

5.2.2.3 全彩反射液晶显示技术学习平板

传统显示器均为自发光器件，显示器发出的光会直射入人眼，刺激眼球，尤其是高能量波峰波段的光会加剧视觉疲劳。而最新推出的反射式显示技术（Reflective Liquid Crystal Display，RLCD）（见图 5-15）是一种没有背光，直接用反射环境光来充当屏幕光源的显示技术，可根据有无辅助光源细分为被动式 RLCD 和主动式 RLCD。

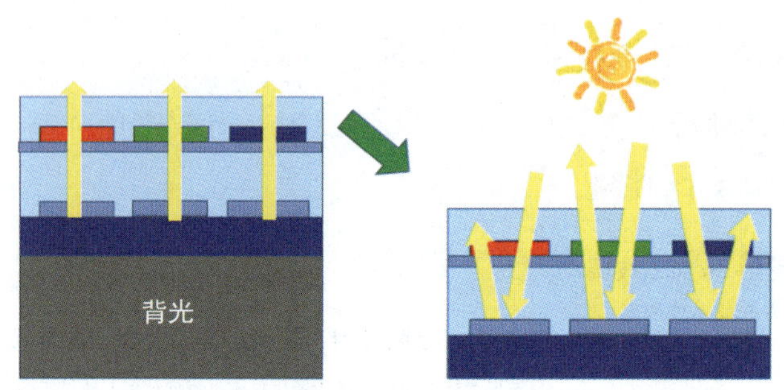

图5-15 反射液晶显示原理

被动式 RLCD 的显示原理是利用在液晶面板底部镀上一层反光材料来反射环境光。在良好的环境光源下，被动式 RLCD 具有较好的显示效果，同时能降低功耗实现整机产品省电的目的。但在环境光条件较差时，被动式 RLCD 会因反射光减少使显示效果不理想。

为了改善此问题，出现了添加辅助光源的主动式 RLCD。“主动式”反射式液晶屏相当于在“被动式”反射式液晶屏的顶部加入了光源用于照明，即使在环境光线不足的时候，也可以看见清晰的屏幕。在多次调整前置光源及反射材料设计方案后，就可以看到图像内容了。此光线柔和均匀，与看纸质书本效果相同，能有效减缓视觉疲劳。

其主要优势如下。

① 低能耗：更便宜、耐用，节能环保。

② 舒适的视觉体验：反射外部环境光，保护眼睛避免直射光，减少眼睛疲劳，让人感觉更舒适。

③ 更好的户外可读性：无须增加背光亮度来达到户外显示效果。

5.2.3 VR眼镜

VR 技术又称虚拟现实技术，它是一种通过 VR 设备分别输入左右眼微小差别的图像形成双目视差来营造出三维立体效果的技术。让使用者在虚拟画面中有一种置身于真实世界的感觉。这种技术可广泛应用于教育的各个场景。

（1）模拟场景

例如地理老师只需要配合相应的全实景地图，便可带领学生领略全世界各种各样的风景，无论是外太空还是深海，一切触手可及，如图 5-16 所示。

图5-16　模拟场景实例展示

（2）语言沉浸

利用 VR 设备制造出语言学习的情景场面，在沉浸式的环境下交流学习能够显著提升语言的学习效率，如图 5-17 所示。

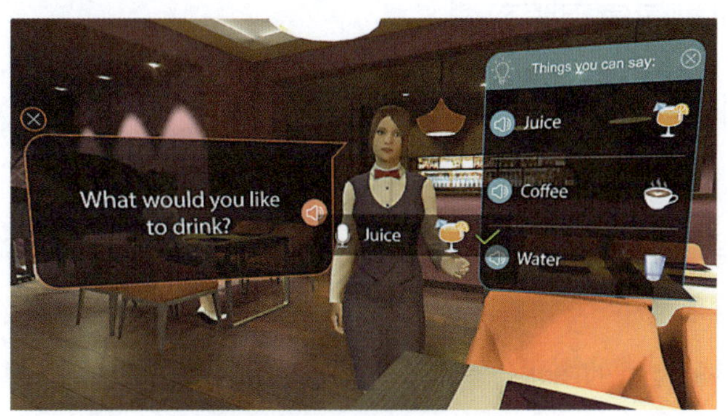

图5-17　语言沉浸实例展示

（3）数字化实验室

利用 VR 设备，学生可以在虚拟环境下模拟物理、生物、化学不同环境做实验，进行现实中难以重复的、具有危险性的、器材损耗高的、现实中无法模拟的、肉眼难以观察的多种实验，如图 5-18 所示。

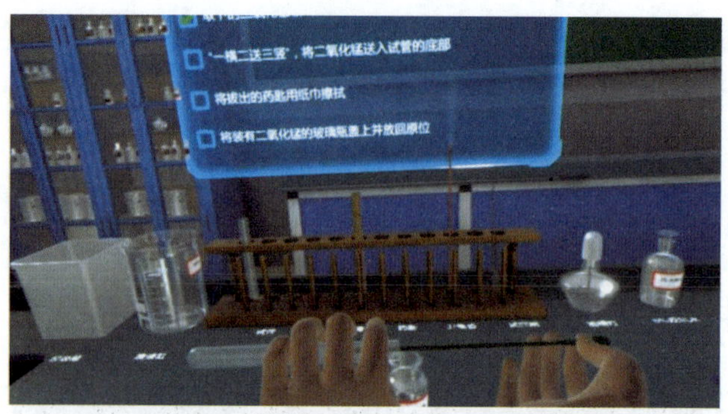

图5-18 数字化实验室实例展示

（4）治疗假性近视

采用 VR 技术和虚拟现实技术，可以引导眼球活动，从而让睫状肌得到有效锻炼，使眼球调节恢复正常，既可治疗假性近视，又能消除混合近视的假性近视部分，从而减轻近视程度。

5.3 育人价值分析

显示技术及电子显示设备、网络、AI 技术等为教学提供了丰富多彩的技术支持。在教育领域，显示技术的价值主要体现在以下几个方面。

5.3.1 培养科学健康用眼习惯

青少年近视的主要原因是用眼不科学，如用眼时间过长；用眼距离过近；电子射线影响；光线太强或太弱；看书或躺或卧；写字姿势错误等。

电子显示设备相较于书本，劣势主要来自电子设备射线影响。但随着护眼显示技术的不断发展，其劣势越来越小。例如，低蓝光无频闪显示屏有效地减少了有害蓝光部分对人眼的危害，无背光显示技术的墨水屏和反射屏完全消除了电子设备射线对人眼的影响。

电子显示设备在监控人们健康用眼习惯上具有很大的优势。其能通过软硬件技术实现监控设备的使用时长，做到提醒甚至强制灭屏休息；实现监控使用者眼睛与屏幕的距离，一旦过近就给予提醒；实现监控外界环境光，提醒使用者到光线适中的地方使用；实现监控使用者当前的姿势，在躺、卧、写字姿势不良等情况下开启提醒使其更正，养成良好的习惯，如图 5-19 所示。

图5-19　电子设备监控使用者当前的姿势

5.3.2　丰富学生的学习体验

和“粉笔＋黑板”的传统教学方式相比，显示技术及设备能丰富知识的呈现手段，如可以通过视频、动画、图片等使抽象的知识变得形象化和具体化，从而使学生更容易理解。

5.3.3　在线优质教育资源均衡化

显示技术及设备与网络、AI 等技术结合，就出现了如直播网课、线上教学、虚拟课堂等应用，让各类优秀的教育资源便利快捷地扩散开来，有助于实现教育资源的均衡。

5.3.3.1　资源利用

各种教育资源通过网络冲破了空间距离的限制，使学校的教育成为可以走出校园向更广的地区辐射的开放式教育。学校可以充分发挥自己的学科优势和教育资源优势，把最优秀的教师、最好的教学成果通过网络传播到四面八方。

5.3.3.2　学习行为

网络技术应用于远程教育，其显著特征是任何人在任何时间、任何地点均可以从任何章节开始学习任何课程。网络教育便捷、灵活的“五个任何”，在学习模式上最直接地体现了主动学习的特点，充分地满足了现代教育和终身教育的需求。

5.3.3.3 学习形式

教师与学生、学生与学生之间，通过网络进行全方位的交流，拉近了教师与学生的心理距离，增加了教师与学生的交流机会和范围。通过计算机对向学生提问的类型、人数、次数等进行的统计分析，教师可以了解学生在学习中遇到的疑点、难点和主要问题，更加有针对性地指导学生。

5.3.3.4 教学形式

在线教育运用计算机网络所特有的信息数据库管理技术和双向交互功能。一方面，系统对每个网络学员的个性资料、学习过程和阶段情况等可以实现完整的系统跟踪记录；另一方面，教学和学习服务系统可根据系统记录的个人资料，针对不同学员提出个性化学习建议。网络教育为个性化教学提供了现实有效的实现途径。

5.3.3.5 教学管理

计算机网络的教学管理平台具有自动管理和远程互动处理功能，被应用于网络教育的教学管理中。远程学生的咨询、报名、交费、选课、查询、学籍管理、作业与考试管理等，都可以通过网络远程交互的方式完成。

5.4 未来发展与展望

5.4.1 护眼与显示技术的发展

电子显示技术护眼方向的发展主要集中在以下几个方面。

① 高能短波蓝紫光对视觉细胞的影响——降低或消除有害蓝光。

② 显示屏亮度对人眼的刺激——亮度适中，且不同外部环境对应不同程度显示屏亮度。

③ 显示屏表面眩光对人眼的刺激——消除表面眩光。

④ 显示屏闪烁对人眼的刺激——达到远超人眼能识别的程度。

⑤ 对比度对暗态细节的清晰度——提高到满足用户使用无察觉或舒适的程度。

⑥ 分辨率对字体等的清晰度——提高到满足用户使用无察觉或舒适的程度。

目前,电子显示技术虽然还在不断优化提升,但已初见成效,涌现出了不少优质的产品。

5.4.2　类纸屏护眼技术的发展

类纸护眼屏的基本原理为还原自然状态下的舒适观感。

类纸护眼屏未来的发展方向有如下两种:

① 显示屏发光源向类自然光方向发展。

② 自身不发光，靠外界光反射显示的方向发展。

两种方案目前我国均有自主研发的产品推出，但在显示效果上仍有所欠缺，未来还有很长一段路要走。

5.4.3　护眼效果评判体系的发展

目前，市面上评判护眼效果的认证机构众多，评测手法和标准也各不相同，这给显示设备厂商在规格设定上造成了很大困扰。未来在教育行业，需要构建自主系统化、客观化、数据化的评价体系，用于指导教育设备的设计，以满足教育对健康的需求。

开源软硬件

6.1 历史与现状综述

开源硬件[①]是现代电子技术[②]与开源文化[③]结合的产物。通俗来说，开源就是公开源代码。开源赋予用户一定的权利（管理员权限），让用户可以自由地进入软件内部查看里面的内容并按照自己的意愿进行修改。

开源文化起源于“知识是人类的共同财富”的朴素认识[④]，因为开源和开放，所以人类能不断创新和进步。开源文化推动了大量自由软件[⑤]和开源软件[⑥]的涌现，现代电子技术在工程实践过程中积累了大量可重复使用的功能化集成模块，软硬件之间的紧密结合共同催生了丰富多彩的开源硬件。

6.1.1 开源软硬件的起源

开源硬件的概念最早由开源运动发起人布鲁斯·佩伦斯（Bruce Perens）在 1997 年发起的“开源硬件认证计划”中首次提出[⑦]。开源硬件比开源软件要开放更多内容，不仅开放软件代码，还开放硬件设计部分（如机械设计图、电路原理图、BOM 材料清单、PCB

---

① 开源硬件（Open Source Hardware，OSHW）是指开放生产、加工资料的一类电子硬件。

② 何立民 . 智能硬件时代的开源硬件——写给硬件工程师们 [J]. 单片机与嵌入式系统应用，2017，17(03):3-4.

③ 开源文化是计算机科学领域的一种文化现象，源自程序员对智慧成果共享、自由的追求。全球性的开源运动积极促进人类文明发展的文化渗透信息、教育、健康等领域，并已经融入哲学范畴。

④ 张金，周茂华 . 普通高中教科书　信息技术　选择性必修 6　开源硬件项目设计 [M]. 北京：人民教育出版社，中国地图出版社，2020.

⑤ 自由软件（Free Software）是指赋予用户运行、复制、分发、学习、修改并改进自由的一类软件。自由软件的意义和价值在于用户（包括个体和团体）可以控制程序为己所用。“Free”在英文中除了有“自由”之外，还有“免费”的意思，为了便于区分两者之间的区别，后来又提出了开源软件 (Open Source Software) 以作区别。

⑥ 开源软件（Open Source Software，OSS）是指对用户和公众开放软件的源代码，并且软件在使用、修改和分发过程中也不受许可证的限制。

⑦ 开源硬件认证计划 . The Open Hardware Certification Program. https://www.oshwa.org/cert/.

设计图等）和驱动硬件的软件部分，这些均免费供用户参考和使用[①]。

在20世纪末早期实践过程中，受限于半导体产业的特殊性，即使开源硬件在设计上已经没有障碍，但设计和生产成本过高，且无法通过规模生产降低成本，致使开源硬件的发展一度深处困境，一些最初的开源硬件项目一度难以维持。

6.1.2 开源软硬件的现状

1991年，芬兰大学生Linus Torvalds基于GNU GPL框架发布了GNU/Linux，标志着Linux的诞生。至此，开源软件的发展得到了更多人的支持，并逐步走向正轨。自2005年开始，移动互联网和在线社交平台登上历史舞台，带动了开源软件在国内的发展，但早期国内的教育用开源软件，均源自对国外软件如Scratch、Arduino IDE、Python等的二次开发，缺少核心自主知识产权。

开源软件的流行以及开源企业取得的巨大商业成功再一次刺激了开源硬件的发展。近十多年，由于硬件制造成本的大幅下降，开源硬件再次得到蓬勃发展，一些重要的开源硬件项目接踵而来，如著名的3D打印机RepRap（见图6-1）、Arduino、BeagleBoard等。同时也吸引了一批开源硬件创业者，使得第一批全球性的开源硬件公司相继涌现。国外著名的开源硬件企业有SparkFun、Adafruit等，国内熟知的开源硬件企业有DFRobot、Seeed Studio等。

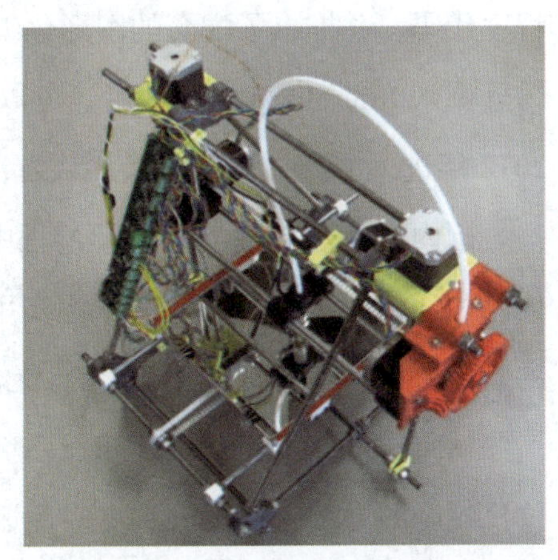

图6-1 3D打印机RepRap

在国内基础教育阶段，早期被运用到教育中比较普遍的开源硬件有Arduino、micro:bit、RaspberryPi（树莓派）（见图6-2）。

Arduino

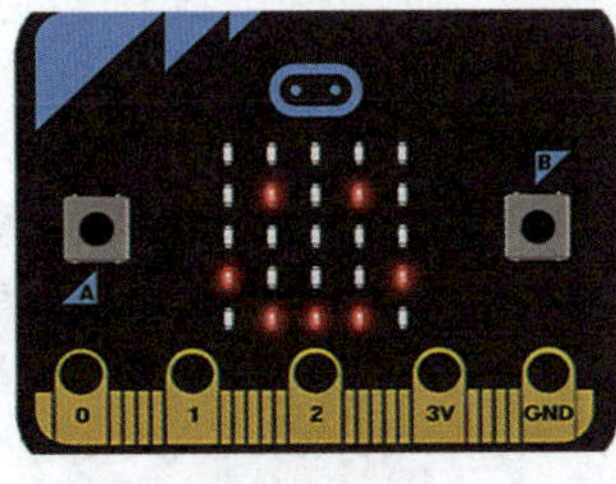

micro:bit

RaspberryPi（树莓派）

图6-2 国内基础教育阶段早期运用的开源硬件

① 开源硬件维基百科 . https://en.wikipedia.org/wiki/Open-source_hardware.

Arduino 于 2005 年被开发，起初是为了方便艺术设计学院的大学生设计互动作品，后来发展为全球知名的开源硬件[①]。2008—2010 年陆续通过不同渠道进入中国[②]，很快被国内创客教育的教师广泛采用，至今还有很多教师和学生在使用相关产品来完成创客教育的教学和学习[③④⑤]，很多地方教材也选用了 Arduino 作为硬件载体。

Arduino 在教学中也有缺点，一是技术门槛高，经常出现安装驱动不兼容问题，很多初学者被挡在“门”外；二是编程语言和高中 Python 编程语言教学不一致，Arduino 的语法规范继承自 Processing 编程语言，是一种非标准的 C/C++[⑥⑦]，而高中教学统一要求使用 Python 编程语言，这样就给学习和教学造成了一定阻碍。

micro:bit 是一款由英国广播电视公司（British Broadcasting Corporation，BBC）为青少年编程教育设计的入门级开发板[⑧]，BBC 专门设立 micro:bit 教育基金，并召集微软、三星、ARM、英国兰卡斯特大学等合作伙伴共同完成开发。micro:bit 采用 U 盘的方式下载程序代码，并推出了配套的图形化编程工具，极大地降低了门槛。micro:bit 通过 U 盘模式另外刷入 MicroPython 固件后，可以简单地对接部分高中 Python 编程语言教学的需求。自 2018 年进入中国，得到了诸多认可，同时被写入部分教材中。

国内在使用 micro:bit 教学过程中，出现的最大问题是性能太差，不支持稍微复杂点的代码和通信协议，只能入门，不实用。另外，micro:bit 只实现了部分蓝牙协议，没有完整的蓝牙协议，不支持 WiFi 通信，无法完全对接广大中小学物联网教学的需求。

树莓派是一款由英国树莓派基金会开发的基于 Linux 系统的迷你计算机，作为一款性价比颇高的微型电路板，它更多地运用于高等教育，在大学中得到了广泛应用。

树莓派在中小学遇到的最大问题是用树莓派没法大班上课！首先，树莓派作为卡片计算机使用时，需要外接显示器、键盘和鼠标，而现有中小学机房没有空间摆设多套显示器、键盘和鼠标，共用又存在非常困难的机房管理问题。其次，树莓派也没有合适的机房管理软件，大班教学很难有效组织，没法保证统一步调和教学进度。最后，树莓派所

---

① Massimo Banzi. 爱上 Arduino [M]. 2 版 . 于欣龙，郭浩赟，译 . 北京：人民邮电出版社，2012.
② 翁浩峰 . 利用 Arduino 和 Flash 开发 DISLab[J]. 物理教师，2010，31(3):45-47.
③ 杨琦，张晓月，李国安，等 . 小学期 Arduino 课程教学内容探索与实践 [J]. 工业和信息化教育，2021(10):79-82.
④ 屈华炎 . 基于 Arduino 的单片机智能控制创新课程教学改革与实践 [J]. 物联网技术，2021，11(7):128-130.
⑤ 冰洁 . 基于 Arduino 硬件编程建构 CIA 教学模式 [J]. 中国现代教育装备，2021(18):26-28，41.
⑥ Massimo Banzi. 爱上 Arduino [M]. 2 版 . 于欣龙，郭浩赟，译 . 北京：人民邮电出版社，2012.
⑦ Casey Reas，Ben Fry. 爱上 Processing [M]. 2 版 . 陈思明，聂奕凝，郭浩赟，译 . 北京：人民邮电出版社，2014.
⑧ 梁森山，谢作如 . 爱上 micro:bit [M]. 北京：人民邮电出版社，2018.

用的 Linux 操作系统，对很多一线教师是个巨大的挑战，大多数中小学教师长期习惯使用 Windows 操作系统，对命令行或 Linux 操作系统非常陌生。无论是国内还是国外，在中小学大班教学中都很少使用树莓派。

自 2018 年起，国产教育开源硬件开始涌现，其中具有代表性的是掌控板和虚谷号（见图 6-3）。掌控板集成了具有国产自主知识产权的 ESP32 主控芯片及各种传感器和执行器，发布于 2018 年 9 月 15 日的第六届全国 STEAM 教育大会，此后被多版国家及地方教材所采用，也进入国家和多省市的赛事器材名单。掌控板也代表中国开源硬件走出了国门，目前已有多个国家和地区采用掌控板作为日常教学装备产品。具有中国特色的开源硬件开始从萌芽进入蓬勃发展阶段[①]。

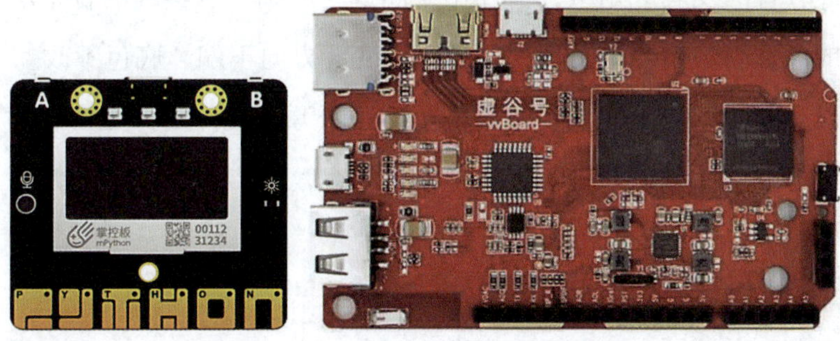

图6-3　开源硬件——掌控板和虚谷号

6.2 中国特色开源软硬件

6.2.1 构建中国特色开源软硬件的必要性

2018 年 1 月 16 日，教育部公布了《普通高中信息技术课程标准（2017 年版）》，正式将“开源硬件项目设计”作为选择性必修模块列入其中，该模块主要包括“开源硬件的特征”“开源硬件项目流程”和“基于开源硬件的作品设计与制作”三部分内容。基于开源硬件的项目设计充分地体现了信息技术课程中跨学科的教育理念，更好地满足了学生创新发展的需要。

2018 年之前，国内具有自主知识产权的开源硬件相对匮乏。Arduino 起源于意大利，

① 李红印，梁森山，谢作如．从开源开放到教育自信——谈具有中国特色的开源软硬件教育应用 [J]. 中国信息技术教育，2021(12):4-9.

micro:bit 和树莓派都起源于英国，这三款国内普遍使用的开源硬件均来自国外，在技术和设计上我国缺乏对核心技术的自主掌握。从教育的根本思想上来看，缺失了国产自主知识产权意识，尤其是在中小学生民族意识的萌芽阶段，无法增强学生的民族自信心。在当前的国际环境下，这存在一定的风险和隐患。

党的十八大以来，以习近平总书记为核心的党中央高度重视培养社会主义建设者和接班人，坚持把立德树人作为教育的根本任务。党的十九届五中全会指出，要全面贯彻党的教育方针，坚持立德树人。我们要从党和国家事业发展全局的高度，落实立德树人的根本任务，培养具有爱国情怀、能够担当民族复兴大任的时代新人。发展教育，必须站位高、视野广、格局大。要站在实现中华民族伟大复兴的战略高度来谋划教育。因此在构建中国特色开源软硬件教育的发展规划中，需要站位高远且明确，从实施的各个层面都要以更加坚定的立场来推进，确保社会主义教育的性质不变、方向不偏、底色不改。

因此，构建具有国产自主知识产权的中国特色开源软硬件变得尤为迫切，我们需要构建具有中国特色的信息技术学科装备支撑体系与创客教育装备支撑体系。

6.2.2 中国特色开源软硬件的特征

中国特色开源软硬件有以下特征。

（1）服务教学

中国特色开源软硬件具有教学普适性。需求来自一线教学，能服务于课程标准与教学设计。对于一线信息技术教师来说，其能满足“能”上课的需求。对于不同层次学生来说，其能满足“学”得进的需求。软硬件开发还服务于教材和课程改革，价值导向更具体，能够服务并支撑教材实施。

（2）开放性

中国特色开源软硬件具有开放性。能遵循开源软件与开源硬件相关的开源协议，符合全球通用性的开源软硬件接口标准，建立开放的开源生态。

要有一定的国际影响力，能够走出国门、走出去的才叫中国特色，如果走不出去，最多是中国制造。

（3）技术前瞻性

中国特色开源软硬件具有技术前瞻性。能与全球接轨，具有全球领先的技术水平，符合新时代的育人需求。

（4）自主可控性

中国特色开源软硬件具备自主知识产权，做到了软件和硬件都可控。具备完全自主知识产权和自主研发的能力，有利于建立文化自信，增强民族自豪感。建设相对完善的自主可控社区与生态既重要又难办，因为建立生态靠的是吸引力。

6.2.3 中国特色开源软件

开源硬件易用性完全取决于所支持的软件平台，为满足中小学信息技术教学需求、创客教育教学需求、人工智能教育教学需求，国内一批开源硬件行业专家和创客教育专家联合开发了具有中国特色的开源软件。但如前所述，国产开源软件普遍缺乏核心自主知识产权，开发道路任重而道远。

6.2.3.1 ArduBlock（教育版）图形化编程软件

ArduBlock（教育版）是国内第一款应用于教学的开源软件，由上海新车间创客开发。ArduBlock 必须依附于 Arduino IDE 编辑器，区别于 Arduino 文本式编程环境。ArduBlock 采用图形化积木搭建的编程方式，使编程的可视化和交互性加强，使编程的门槛降低（见图 6-4）。2016 年后，该软件不再维护更新[①]。

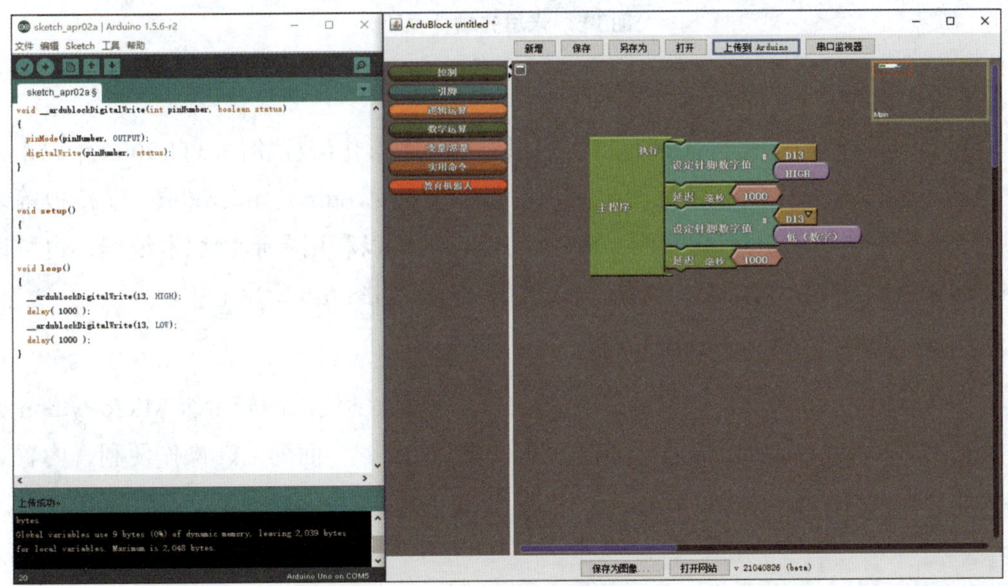

图6-4 ArduBlock编程界面

① 张禄，赵晓卿．浅析 ArduBlock 教育版及其应用 [J]. 中国信息技术教育，2019, No.319(19):87-89.

6.2.3.2 Mixly 图形化编程软件

Mixly（米思齐）是北京师范大学研究组织开发的一款图形化编程工具。用户可以通过拼接积木块的方式来编写程序（见图 6-5）。目前为止，Mixly 已经支持 Arduino、MicroPython、Python 等编程语言[①]。

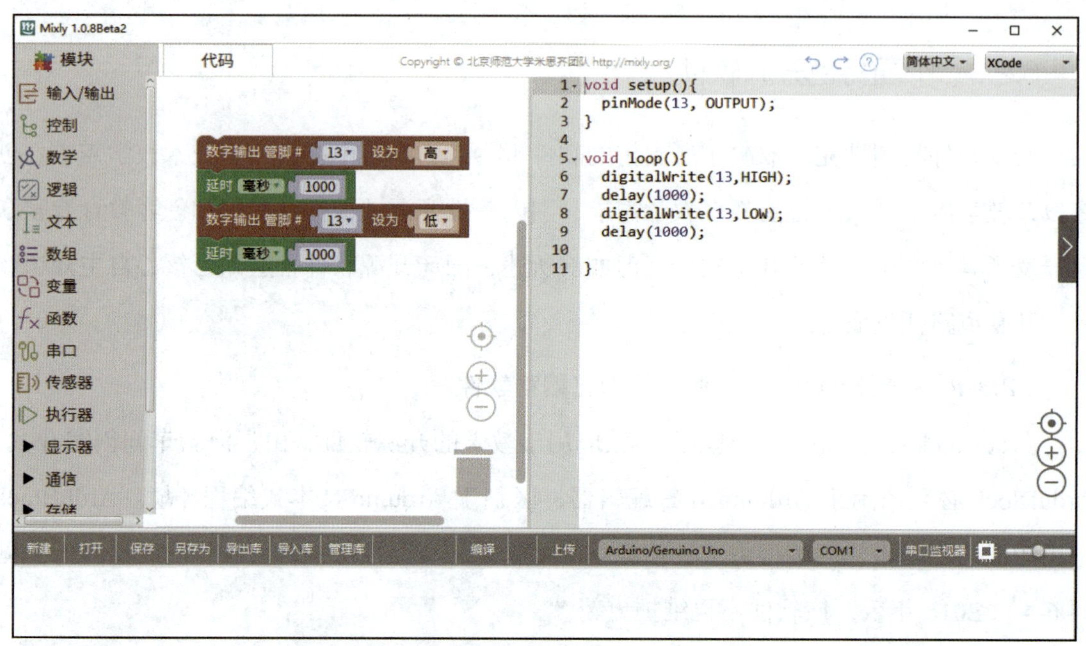

图6-5 米思齐软件界面

6.2.3.3 MindPlus 图形化编程软件

MindPlus（Mind+）是国内拥有自主知识产权的图形化编程软件。自 2003 年以来，该软件功能不断地升级迭代以满足教学需求。目前支持 Arduino、micro:bit、掌控板等多平台，具有人工智能（AI）与物联网（IoT）功能，既可以利用图形化积木编程，也可以利用 MicroPython、Python、C/C++ 等高级语言编程[②]，如图 6-6 所示 。

6.2.3.4 BXY Python Editor

BXY Python Editor 是一款专供高中信息技术学科教学使用的轻量级 MicroPython 编程器，支持对 micro:bit 及掌控板进行编程，如图 6-7 所示。界面简洁，操作便利，内置了很多基础操作库[③]。

① 傅骞，罗开亮，陈露．面向创客教育普及的 Mixly 图形化编程工具开发 [J]. 现代教育技术，2016, 26(1):7.

② 范红梅，王文龙．基于建造主义的 Mind+ 少儿编程教学设计 [J]. 工业控制计算机，2021,34(10):103-105.

③ 谢作如．信息技术 开源硬件项目设计 [M]. 杭州：浙江教育出版社，2019.

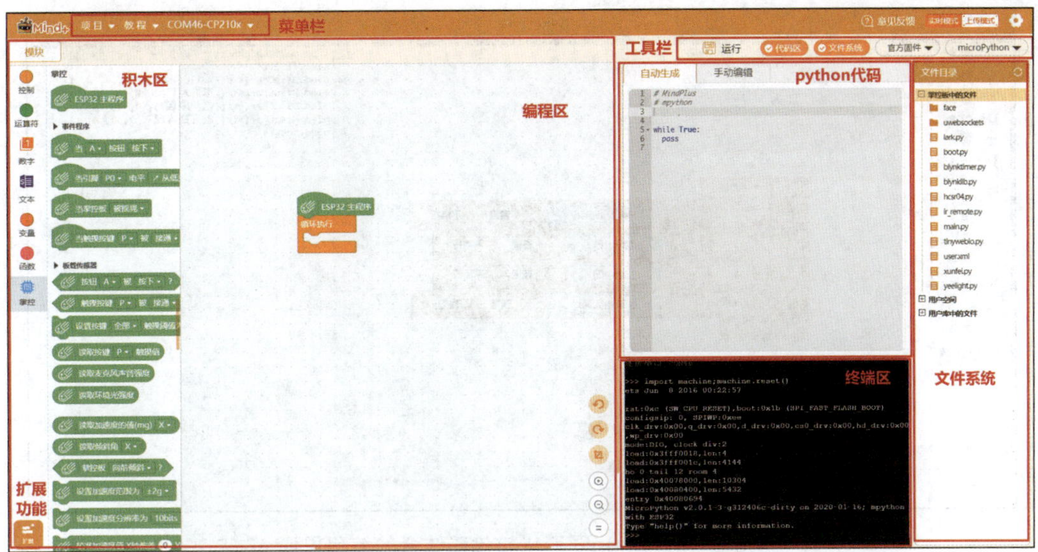

图6-6　Mind+图形化编程界面

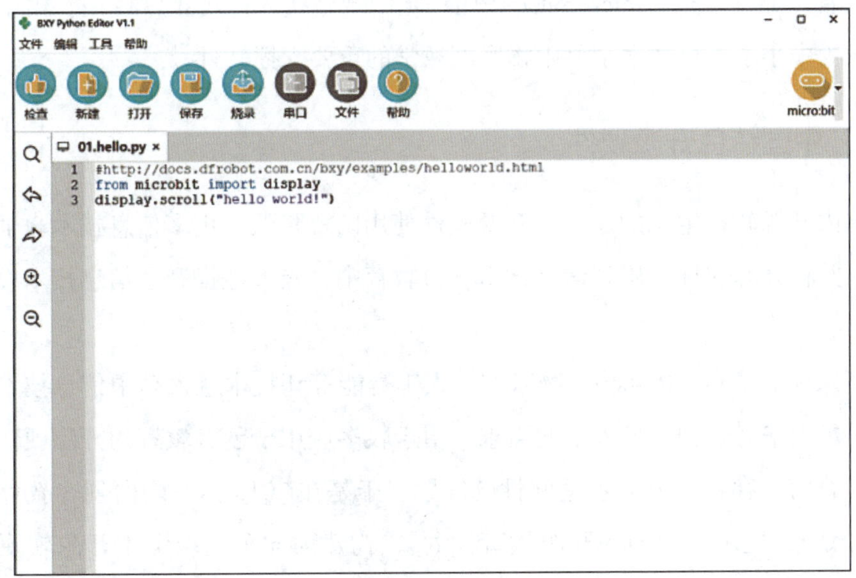

图6-7　BXY代码编程界面

6.2.3.5　mPython 图形化编程软件

mPython 是一款国内拥有自主知识产权的图形化编程软件，是为 Python 编程教学而设计的集成开发环境，可对开源硬件掌控板及其兼容硬件进行编程。它支持代码编程和图形化编程，还具备快速查看代码效果、板卡代码读取、自定义库和串口调试等功能，如图 6-8 所示。

6.2.3.6　SIoT 物联网服务平台

SIoT 是一款简单易用的 MQTT 服务器软件，由国内开源硬件企业自主研发，也是

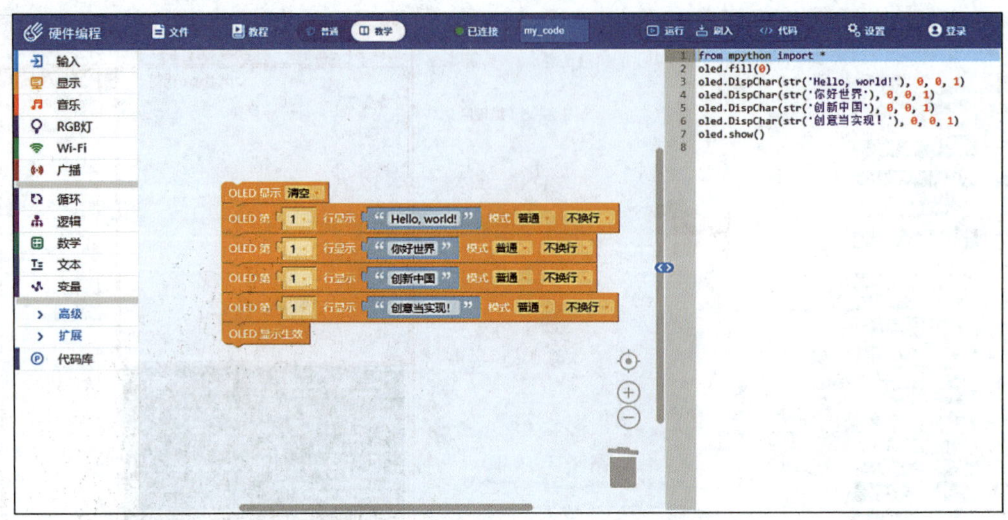

图6-8 mPython图形化与代码结合的编程界面

“虚谷物联”项目的核心软件之一。SIoT 不用安装，也不用注册，设置一键运行后，其他物联网设备（如掌控板、micro:bit）按照一定的规范接入即可正常使用。由于简单易用SIoT，已成为中小学信息技术学科中物联网教学的重要支撑软件[①]。

6.2.4 中国特色开源硬件

随着国内开源软件生态的建设，开源硬件使用门槛降低，更多信息技术教师加入创客教育行列，并将开源硬件应用到信息技术学科教育中，极大地提升了信息技术教师的信息素养。

随着新课标的发布，Python、物联网、人工智能等新技术融入高中信息技术学科教学内容，以满足未来对于创新型人才的需求。由于较多应用于创客教育的开源硬件在与信息技术学科结合时，存在部分内容适配性的问题，于是在 2018 年，国内创客教育专家发起了“虚谷计划”，提出“中国的开源教育计划”，构建面向国内教学用开源软硬件生态体系[②]，如图 6-9 所示。

图6-9 “虚谷计划”软硬件生态

① 狄勇，钱昭媛. 用 SIoT 秒搭 STEAM 课堂物联网服务器用掌控板做热辐射实验 [J]. 无线电，2019(8):76-80.

② 谢作如，吴俊杰. 高中新课标“开源硬件项目设计”模块：中国开源硬件的梦与路 [J]. 中国信息技术教育，2018(20):4-10.

6.2.4.1 掌控板

掌控板[①]由中国电子学会现代教育技术分会创客教育专家委员会推出，是一款完全国产的教学用开源硬件，为普及创客教育、信息技术学科教育而生，满足国内外中小学Python、人工智能、物联网等相关教学需求。掌控板尺寸小巧，集成了国产自主研发的ESP32主控芯片及各种传感器和执行器，还自带有1.3英寸OLED显示屏，支持多种字符显示，如图6-10所示。

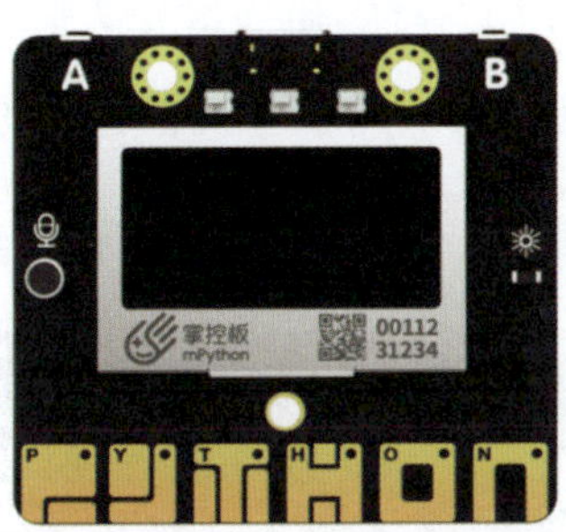

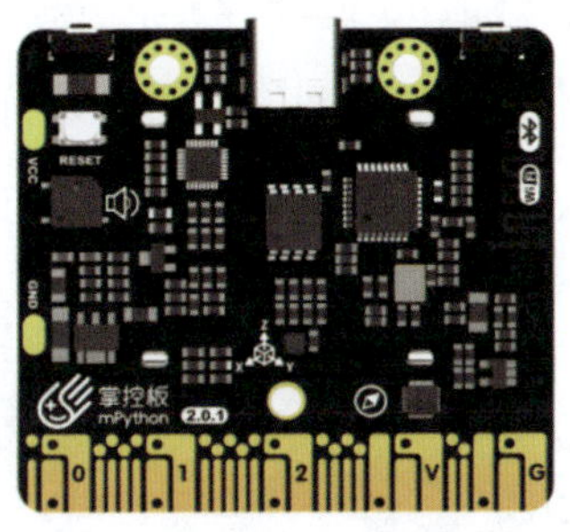

图6-10 掌控板

6.2.4.2 虚谷号

虚谷号[②]是中国电子学会现代教育技术分会创客教育专家委员会支持开发的一款具有中国特色的开源硬件。“虚谷号”的寓意是虚怀若谷、兼容并蓄、继往开来。虚谷号是一个面向人工智能教学和Python编程学习的中国原创开源硬件平台，集成高性能处理器和通用单片机，内置多功能扩展接口和多种通信接口[③]，如图6-11所示。

图6-11 虚谷号

① 周茂华. 中国原创开源硬件——掌控板为编程教育而生[J]. 无线电, 2019(1):76-79.

② 于方军, 乔君. 认识“虚谷号”[J]. 中国信息技术教育, 2019(9):76-77.

③ 谢作如, 樊绮. 虚谷物联来了[J]. 中国信息技术教育, 2019(19):4.

6.2.4.3 MaixDuino

MaixDuino 是基于 K210 模块开发的一款外形兼容 Arduino 的开发板，直接兼容 Arduino 扩展板，集成摄像头、TF 卡槽、用户按键、TFT 显示屏、MaixDuino 扩展接口等。

配套开发软件使用 MaixPy，是针对 K210（双核 64bit RISC-V CPU，带硬件 FPU、卷积加速器）的 MicroPython 移植版本，支持 MCU 常规操作，还集成了硬件加速的 AI 机器视觉和麦克风阵列、浮点预算 1TOPS 算力（人工智能加速）。

MaixDuino 和 MaixPy 软硬件配合（见图 6-12），可以快速搭建人脸识别门禁等 AIOT 智能应用，同时预留了开发调试接口，也能将其作为入门学习人工智能的教具，目前已经被不少学校开展人工智能校本教材或地方教材选用。

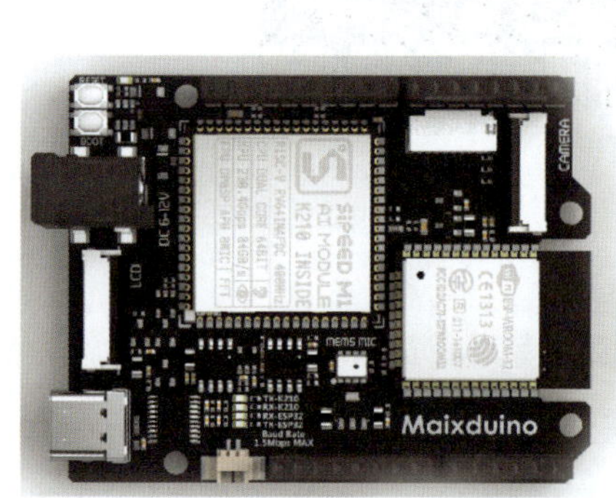

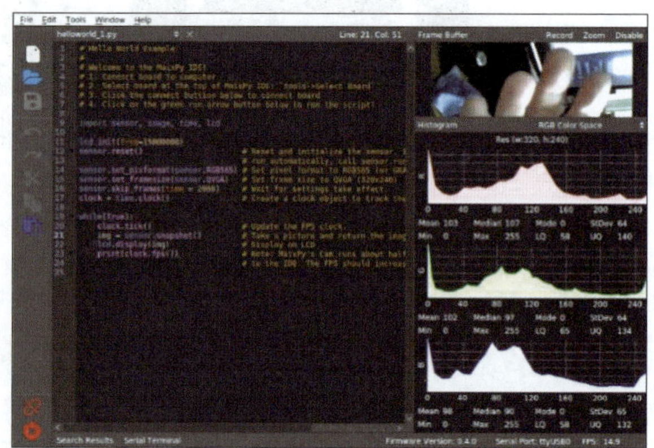

图6-12　MaixDuino硬件与MaixPy软件界面

6.2.5　中国特色开源软硬件支撑国家及地方教材

为全面贯彻党的教育方针，学校通过现代化信息技术手段开展创客教育，对于培养青少年科技创新能力和动手实践能力有重大意义。对此，国家和地方教育相关部门在积极推进创客教育发展的同时，也在相关教材中将符合我国创客教育发展的开源硬件编入其中，丰富了实际教学案例，Arduino 和 micro:bit 也曾被此类教材多次引用。自掌控板诞生以来，作为中国第一款国产教育开源硬件，受到了很多教育部门的重视，并先后被编入人教、中图版，浙教版，粤教版，教科版等国家信息技术教材（见图 6-13），如人民教育出版社和中国地图出版社联合出版的《普通高中教科书　信息技术　选择性必修 6　开源硬件项目设计》教科书、粤教版《普通高中教科书　信息技术　选择性必修 6　开源硬件项目设计》教科书及教师教学用书、浙教版《普通高中教科书　信息技术　必修 2　信息系统与社会》教科书及教师用书、教育科学出版社《普通高中教科书　信息技术　必修 2　信息系统与社会》教科书等。

图6-13　各版本信息技术教材对开源硬件的选用

6.2.6　中国特色开源软硬件教学成果

6.2.6.1　高中开源硬件项目设计教学案例——人教、中图版“互联网智能闹钟”

图 6-14 所示案例选自人民教育出版社、中国地图出版社联合出版（依据《普通高中信息技术课程标准（2017 年版）》）的《普通高中教科书　信息技术　选择性必修 6　开源硬件项目设计》的第 4 单元。本案例通过掌控板开展基于开源硬件的“互联网智能闹钟”的项目制作与学习，利用掌控板的 WiFi 功能联网同步天气信息、时间信息，使用板载的光线传感器实时监测外界光线强弱的变化，利用 OLED 屏幕显示时间信息和天气信息，通过板载的 A、B 按键设置闹钟，利用定时蜂鸣器进行提醒。本案例硬件选用掌控板，软件选用 mPython 图形化编程软件。

6.2.6.2　高中信息技术学科项目教学案例——人教、中图版“搭建小型智能滴灌控制系统”

图 6-15 所示教学案例选自人民教育出版社、中国地图出版社联合出版的《普通高中教科书　信息技术　必修 2　信息系统与社会》的第 3 单元第 4 节。本案例借助虚谷号和 pinpong 库搭建小型智能灌溉系统，通过 DHT11 温湿度传感器实时测量环境中的温度、湿度数据，并设定阈值条件，利用舵机设计阈值控制灌溉时间。

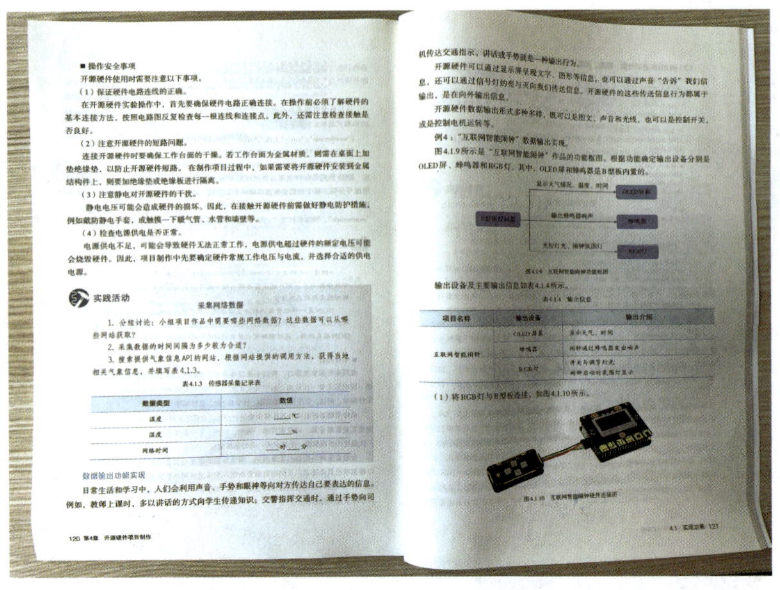

图6-14 “互联网智能闹钟”项目式学习案例

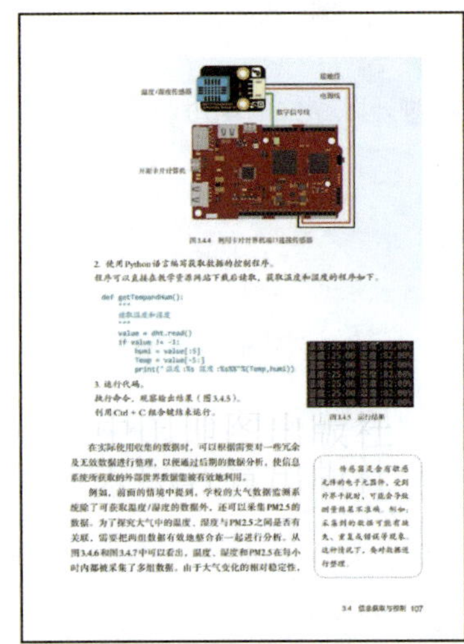

图6-15 “搭建小型智能滴灌控制系统”项目式学习案例

6.2.6.3 人工智能教学案例——温州中学“借助开源硬件开展人工智能实验教学——以虚谷号为例”

表 6-1 所示教学案例来自温州中学谢作如老师，介绍虚谷号预装了 Python 和常见 AI 框架，可以完成神经网络的一系列实验，具体如表 6-1 所示。以手写数字识别、手势识别实验为例，在虚谷号上训练完成后，即可直接使用 USB 摄像头输入手写数字或者手势，虚谷号用语音（音箱）或者动作（舵机）的方式，将识别结果表达出来，满足基础人工智能教学需求。

表 6-1 在虚谷号上完成的神经网络实验

名　称	神经网络类型	数　据　集	说　明
广告预测	全连接神经网络	Advertising	分析广告媒体投入与销售额之间的关系
鸢尾花分类	全连接神经网络	iris	通过花萼长度、花萼宽度、花瓣长度、花瓣宽度对鸢尾花进行分类
电影评论情感分析	循环神经网络	imdb	通过对imdb数据的学习，对电影评论的情感进行分类
自动作诗机	循环神经网络	网络收集	通过对大量五言古诗的学习，能够根据前几个字预测下一个字，逐步写出一首古诗
手写数字识别	卷积神经网络	Mnist	对手写数字进行识别，即完成十个维度的图片分类
图片分类	卷积神经网络	Cifar-10	对图片进行十个维度的分类，并通过语言输出
手势识别	卷积神经网络	拍照收集	对图片进行三个维度的分类，并能够与用户互动

注：虚谷号的 Python 版本为 3.5，核心 AI 框架为 Keras 和 Tensorflow。

6.2.6.4 中小学跨学科课程案例——宁波市广济中心小学“用 SIoT 秒搭 STEM 课堂物联网服务器”

图 6-16 所示教学案例“用 SIoT 秒搭 STEM 课堂物联网服务器——以基于‘掌控’的热辐射实验为例”来自宁波市广济中心小学狄勇老师。依据教育科学出版社出版的小学科学教材五年级“怎样得到更多的光和热”一课，狄勇老师将信息技术课与小学科学课融合，让学生采用不同颜色纸袋包裹温度传感器，在阳光下进行实验，用以分析物体颜色与吸热的关系，并利用 SIoT 能将传感器数据实时上传服务器[①]。

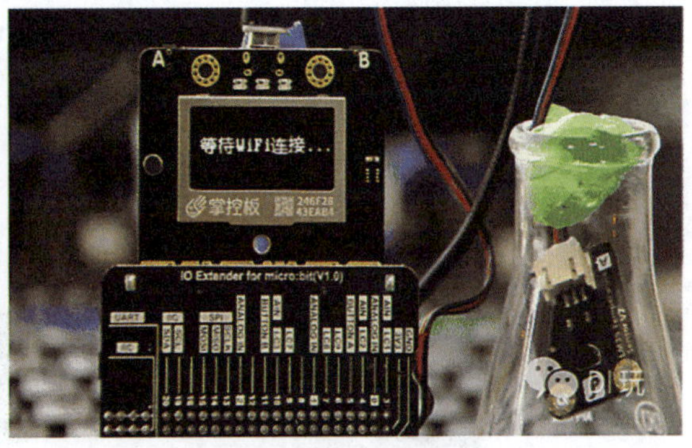

图6-16 “基于SIoT秒搭建STEM课堂物联网服务器”教学案例

6.2.6.5 《掌控创造营》

图 6-17 所示案例为人民邮电出版社出版的《掌控创造营》。本书使用国产开源硬件掌控板配合智能电子硬件及结构件，完成 14 个精选案例，每个案例都能解决生活中的具体

① 狄勇 DF 创客社区 . https://mc.dfrobot.com.cn/thread-290082-1-1.html.

问题，且和传统文化、学科教学、现实生活等紧密联系[①]。通过“情景导入”“项目分析”“提出问题”“方案规划”“构思方案”“项目实施”“迭代与升级”“分享与评价”8个环节，引导学生像科学家一样去思考，注重学生问题意识、思维方式的培养。

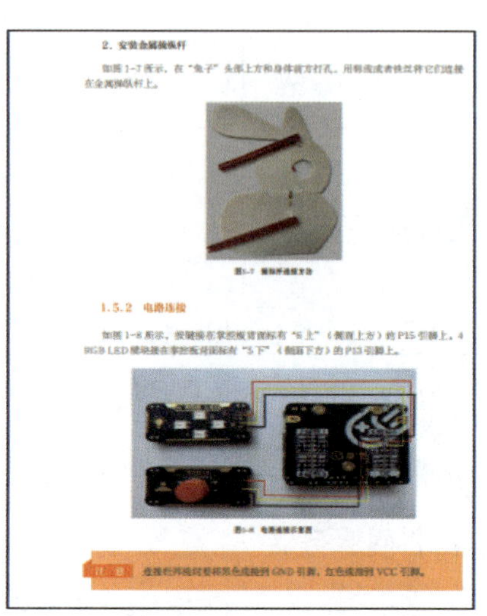

图6-17 《掌控创造营》及项目案例

6.2.6.6 掌控 Python 系列丛书

图 6-18 所示案例为科学出版社出版的“掌控 Python”系列丛书，本套丛书包括《掌控 Python——初学者指南》《掌控 Python——自律型机器人制作》《掌控 Python——人工智能之机器视觉》《掌控 Python——物联网实践》《掌控 Python——人工智能之语音识别》共 5 本。本套丛书内容借助国产开源硬件掌控板向读者讲解 Python 编程基础知识，并通过教学项目引导读者学习 Python 嵌入式开发，循序渐进地带领读者了解人工智能技术、物联网技术的发展及其基础原理等。

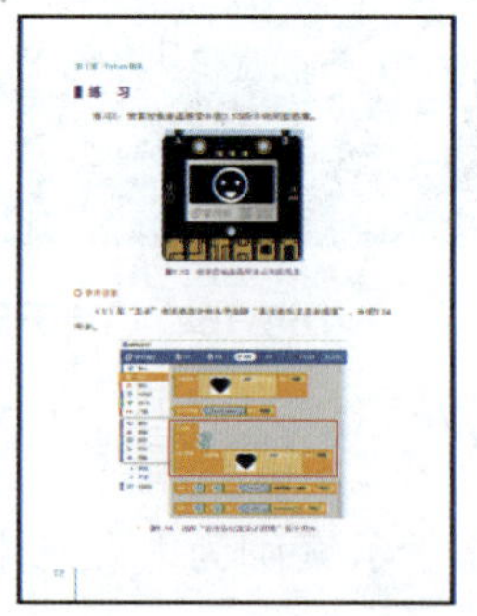

图6-18 “掌控Python”系列丛书及项目案例

① 杜涛 Labplus 社区 . https://labplus.cn/posts/60ffd3068d1b470468ba72b3.

6.2.7 基于中国特色开源软硬件的活动与赛事

6.2.7.1 OSRBOBT 开源机器人项目

OSRBOBT 开源机器人项目期望能够坚持可持续发展、开源开放、共建共享，让学生在科创教育中得到快乐、自信、成功。此项目的实施，使有开源情怀的优秀开发者获得市场的青睐，实现更多创作价值，也使优秀的开源作品不再受制于成本，从而衍生出更多有趣的、有意义的开源机器人作品和产品。同时，此项目的成立有利于纵向整合科创资源，建设完整的、开源的、普惠的科创中心建设方案，利于中小学、社区科创中心、科技研学、大学生创业实践的一键落地开展，如图 6-19 所示。

图6-19 OSRBOBT开源机器人比赛现场

6.2.7.2 创意智造赛项

“创意智造赛项”是中央电教馆主办的“全国学生信息素养提升实践活动”下设的子赛项，如图 6-20 所示。该赛项是参与者在电脑辅助下进行设计和创作，制作出体现创客文化和多学科综合应用的作品，并进行交流展示。作品创作着重体现创新意识。自 2019 年起，国产开源硬件掌控板正式进入该赛项。

6.2.7.3 掌控未来专项赛

掌控未来专项赛是专为国产开源硬件掌控板设立的比赛，参赛选手在计算机的辅助下，使用开源硬件掌控板及其配套的传感器，配合数字化加工工具，制作出智能的实物作品，并进行现场交流展示，如图 6-21 所示。

图6-20 "创意智造赛项"比赛现场图

图6-21 掌控未来专项赛活动现场

6.2.8 基于中国特色开源软硬件的实验室建设

对于教学而言，必要的基础设施、基本设备是课程实施的物质基础。新课标中明确指出：设立能满足各模块教学需要的信息技术教室和信息技术实验室，配备数量合理、配置适当的计算机和相应的实验设备，并配备满足各模块教学需要的软件及网络设施。配置满足选择性必修模块 6“开源硬件项目设计”的信息技术实验室，需要以开源硬件为基础，传播开源文化、践行开源精神、共建开源社区、共享开源成果。实验室建设融合编程、创客、人工智能、物联网等教学装备需求，提供技术多样、资源丰富的数字化环境，满足多样化的教学需求。具备中国特色的开源软硬件、了解国情的中国特色开源软硬件的不断发展也能够更好地支撑相关学科实验室建设。

2018 年 12 月 7 日，由教育部教育装备研究与发展中心、宁波杭州湾新区开发建设管理委员会和浙江同天工业设计发展有限公司合作共建中国杭州湾高端教育装备创新产业城，在国内率先启动普通高中信息技术学科实验室（以下简称杭州湾实验室）建设探索。杭州湾实验室以高中信息技术新课标为指导，一期重点建设开源硬件和人工智能 2 个实验室，旨在为信息技术新教材落地实施提供教学支撑环境建设样例，也是对建设中国特色开源软硬件实验室的一次探索。

6.2.8.1 建设目标

“开源硬件项目设计”是普通高中信息技术课程标准新增的两个选择性必修模块之一，是需要在专用器材支持下才能正常开展教学的模块。杭州湾实验室方案中提供了常用的开源硬件和基本加工器材，能够完成各个版本教材中“开源硬件项目设计”模块的基本实验。

6.2.8.2 建设理念

基于开源硬件的项目设计与开发有利于激发学生创新的兴趣，培养学生动手实践能力，同时也是在信息技术课程中实现 STEAM 教育的理想方法。通过本模块的学习，学生能搜索并利用开源硬件及相关资料，体验作品的创意、设计、制作、测试、运行的完整过程，初步形成以信息技术学科方法观察事物和解决问题的能力，提升计算思维与创新能力。

按照选择性必修的课程要求，杭州湾实验室按照 30 人来配置。杭州湾实验室建设方案具有如下特点。

① 提供多家企业的产品，以满足不同版本教材的教学需求。同时不局限于某一家公司的产品，让学生在完成教材实验的基础上，能够接触更多的开源硬件，并让这些不同企业的产品能够协同工作。

② 除了供学生实操需要的硬件外，实验室配置了几款经典且有一定复杂度的开源硬件作品，作为教学实例进行剖析。

③ 杭州湾实验室同时具备了创客空间的功能，配置开源硬件的设计工具、组装工具、测试测量工具与仪器，以及各种常见的开源硬件扩展模块。学生除了可以完成必做的几个实验外，还可以进行个性化造物。

④ 杭州湾实验室配置了一些必备的数字加工设备，如 3D 打印机和激光切割机，既可以供学生学习“开源硬件项目设计”模块时使用，也可以作为学习“三维设计与创意”模块和“人工智能初步”模块的实操学习场所。

6.2.8.3 环境设计

在设计教学环境时，可采用较为灵活的教室座位布局，以方便学生开展小组合作与探究。如下：

① 建议采用 3~4 人一组的形式来设计座位，以满足项目式学习的需求。

② 采用区域划分的形式，将教学区和加工区分开。

6.2.8.4 硬件清单

（1）基础设施

基础设备明细表如表 6-2 所示。

表 6-2 基础设施明细表

序号	名称	数量	备注
1	教师机	1	若跟人工智能、三维设计实验室公用，可配置专业图形显卡（支持训练加速）
2	触控一体机	1	辅助教学设备，教师板书、演示等
3	企业级无线路由器	1	满足物联网教学的高并发要求
4	学生计算机	30	推荐配置1：一体机 推荐配置2：显示器+组装计算机
5	3D打印机	4	在开源硬件创意设计项目中制作结构件
6	激光切割机	1	在开源硬件创意设计项目中制作结构件
7	教学用电工套件	10	含万用表等

注：此表不含桌凳等基本设施。

（2）教学器材

考虑到不同版本的教材使用的器材不同，表 6-3 中的教学器材没必要全部购买，选择 2~3 种即可。

表 6-3 教学器材

序号	名称	数量
1	掌控板基础学习套件	16
2	掌控板项目开发套件	16
3	虚谷号基础学习套件	16
4	虚谷号项目开发套件	16
5	Arduino基础学习套件	16
6	Arduino项目开发套件	16
7	通用电子传感器模块套装	5

（3）选配器材

选配器材如表 6-4 所示。

表 6-4 选配器材

序　号	名　称	数　量	备　注
1	MaixPy	5	常见软硬件环境对比研究学习
2	冲锋舟VIM3	5	常见软硬件环境对比研究学习
3	Jetson nano	5	常见软硬件环境对比研究学习
4	树莓派	2	不同软硬件环境对比研究学习
5	拿铁熊猫	2	不同软硬件环境对比研究学习
6	其他各种Arduino开发板	若干	不同版本都提供1~2块
7	平板电脑	5	物联网实验辅助器材

（4）演示作品与教具

演示作品与教具如表 6-5 所示。

表 6-5 演示作品与教具

序　号	名　称	数　量
1	智能鸟蛋	1
2	趣味颜值测试	1
3	互联网闹钟	1
4	家庭移动机器人	1

注：演示作品同时可以作为教具使用。

6.2.8.5 软件清单

（1）教师计算机

预装软件：教学管理平台、Arduino、winPython、BXY、mPython、App inventor2、Python3D、lasermaker、inkscape、SIoT、mixly、Mind+ 等。

（2）学生计算机

预装软件：Arduino、winPython、BXY、mPython、App inventor2、Python3D、lasermaker、inkscape、SIoT、mixly、Mind+ 等。

6.2.8.6 实验清单

根据新课标要求，杭州湾实验区遴选了 9 个必做实验和 3 个选做实验。其中 9 个必做实验，使用“学习套件”中的任何一款都可以完成。

以“虚谷号基础学习套件”为例，对实验进行介绍，如表 6-6 所示。

表 6-6 开源硬件实验项目清单

编号	实验名称	实验描述	实验器材
1	数字输入输出实验	控制开发板引脚的数字输入和输出，能控制引脚输出高低电平并且读取电平状态	虚谷号、扩展板、LED模块、按钮模块
2	模拟输入输出实验	控制开发板引脚的模拟输入和输出，能控制引脚输出PWM信号，并且通过支持模数转换的引脚读取模拟电平状态	虚谷号、扩展板、LED模块、旋钮模块、光线传感器
3	显示屏输出实验	将各种传感器信息输出到开发板的LCD屏幕	虚谷号，扩展板，LCD模块，声、光、温度、湿度等传感器
4	舵机控制实验	用旋钮模块控制开发板上的舵机转动	虚谷号、扩展板、9G舵机模块、旋钮模块、按钮模块
5	直流电机控制实验	用旋钮模块控制开发板上的直流电机转动	虚谷号、扩展板、直流电机模块、按钮模块、旋钮模块
6	红外遥控实验	通过红外发射和接收模块，控制开发板的LED和继电器	虚谷号、扩展板、LED模块、红外遥控模块、红外发射模块、继电器模块
7	串口通信实验	通过串口和开发板进行交互，获取传感器信息并控制LED和继电器	虚谷号、扩展板、LED模块、继电器模块
8	WiFi通信实验	通过WiFi和开发板进行交互，获取传感器信息并控制LED和继电器	虚谷号、无线路由器、扩展板、LED模块、继电器模块
9	物联网控制实验	通过物联网MQTT协议，获取智能硬件上的温度、湿度等传感器信息，并控制LED和继电器	虚谷号、无线路由器、扩展板、温度传感器、湿度传感器、LED模块、继电器模块
10	字符识别实验（可选）	通过摄像头识别白纸上的字符	虚谷号、摄像头
11	手势识别实验（可选）	通过摄像头识别人的简单手势	虚谷号、摄像头
12	人脸识别实验（可选）	通过摄像头识别人脸	虚谷号、摄像头

6.2.9 开源社区与开源生态营造

随着技术使用门槛的降低，开源硬件被广泛应用于各个领域，如工业原型设计、交互艺术、智能制造甚至是教育领域等。以开源硬件作为开发平台并实现创意的人群也在不断扩充，得以让开源硬件发挥了最大价值，使人们的创造力被无限激发，这群人被称为“创客”。正因如此，开源硬件与创客文化才有着紧密联系[①②]。

目前国内外已兴起了众多优质的线上开源社区服务于“创客”，如图 6-22 所示。国外

① 祝智庭，孙妍妍．创客教育：信息技术使能的创新教育实践场 [J]. 中国电化教育，2015(1):14-21.

② 祝智庭，雒亮．从创客运动到创客教育：培植众创文化 [J]. 电化教育研究，2015,36(7):5-13.

著名的开源社区有 instructables、hackster.io、GitHub、Arduino.cc、adafruit、Let's Make Robots 社区等。国内熟知的开源社区有开源中国社区、DF 创客社区、Arduino 论坛、LabPlus 社区、Laserblock 论坛、MicroPython 中文社区等。在发达的资讯时代，地域已无法限制人们的想象，在线分享平台为创客提供了来自世界各地丰富多彩的创意与创造，让无论身处何地的人们都能触手可得。

图6-22 国内外知名开源社区

早在 2006 年，RoboticFan 社区[①]中诞生了国内最早的开源硬件项目——HCR（Home Care Robot）。RoboticFan 社区是当时国内最早的开源社区。HCR 项目是 RoboticFan 社区成员自主发起的开源项目。当时 HCR 项目的组织方式都是以开源形式进行的，并在社区中进行集资众筹，也是全球第一个众筹项目。由于社区成员集思广益，拥有开放的分享精神，HCR 这个项目在整个社区生态中得到快速迭代，也使机器人的制造成本大幅降低，硬件器材从原先的 4 万元降低为 5000 元。2014 年，HCR 被麻省理工学院和斯坦福大学的计算机课程标准的开发平台所选用。HCR 还广泛应用于移动机器人的学术研究和商用开发，给机器人行业普及化提供了极大可能。

开源硬件不仅是硬件设计方法的开放，还体现了一种创新理念的开放[②]。无论是开源软件还是开源硬件，都是基于开放与创新的理念，也使开源文化天然具有社区属性，社区组织在其中也发挥着重要的作用，大部分开源项目也是由开源社区孕育而来。开源的本质是构建开放生态，相比于闭源生态，开源生态能最大程度上促进整个行业正向循环发展。在行业价值链中的所有群体都是受益者，构建完整的开放生态，往往能让新技术快速走向成熟与应用。

① 目前合并到 DF 创客社区中。

② 刘刚刚 . 面向创新思维培养的开源硬件课程设计及开发 [D]. 北京：北京邮电大学 ,2018.

6.3 育人价值分析

6.3.1 动手实践能力

开源硬件项目鼓励动手操作实践，在“互联网智能闹钟”项目中，学生不仅需要亲自搭建检测环境，还需要动手实践完成项目作品原型搭建、功能测试及作品优化。无论是制作过程还是测试优化过程，都需要让学生分析与综合运用技术方法，来解决生活中的复杂问题。

6.3.2 协同共享能力

未来是协同共进的社会，学生需要具备与人合作的能力，不断提高开展自主学习、协同工作、知识分享、创新创造及终身学习能力。“用 SIoT 秒搭 STEM 课堂物联网服务器”项目中，活动以小组形式进行，每组学生可以在不同位置进行观察，最终学生的数据可以通过物联网的方式共享给所有人，能极大地提高观测效率。学生也能从中感受协作的重要性，学会协同共享。

6.3.3 跨学科思维能力

20 世纪以来，科技发展迅猛，各学科既高度分化又日益高度综合，但总的趋势是学科交叉综合，未来需要培养学生形成跨学科思维。“搭建小型智能滴灌控制系统”项目将生物与信息技术教学融合，将信息技术知识迁移到生物课中，帮助学生理解抽象的生物概念，充分体现了跨学科思维。

6.3.4 创新创造能力

目前，人工智能人才的需求日益迫切，要让学生认识人工智能在信息社会中越来越重要的促进作用，让其逐步成为信息社会的积极参与者。“借助开源硬件开展人工智能实验教学——以虚谷号为例”案例中，将开源硬件运用于人工智能课程，学生可以通过人工智能课程，探索全球领先技术，并激发创新创造的热情。

6.4 未来发展与展望

6.4.1 加快建设中国特色开源软硬件生态环境

目前我国已具备自主研发的能力，但是在生态构建上还有所欠缺。以开源软硬件装备为支点，建设中国特色的开源软硬件生态环境，帮助提升教师的信息素养，推动中国特色的开源软硬件的良性发展，能全面支持中小学阶段 Python 教学与人工智能学科教学，培养未来的人才。

6.4.2 推进中国特色开源硬件标准化工作

开源硬件目前还没有明确的标准，面向教学的硬件纷杂繁多，软硬件接口的通用性上也存在诸多问题，互不兼容的情况普遍存在，这给教育主管部门或者教师在教学工具选择上造成了一定障碍。为加速对开源软硬件开放生态的构建，推进中国特色的教学用开源硬件的标准化工作势在必行。

2019 年 4 月 3 日，中国教育装备行业协会团体标准委员会下发《关于第三批教育装备行业团体标准立项的通知》（教团标文〔2019〕6 号），其中《普通高中开源硬件技术规范》团体标准（项目编号 JYBZ2019008）由深圳盛思科教文化有限公司牵头协调、组织开展编制工作。

2019 年 10 月 13 日，在山东青岛组织召开第一次《高中开源硬件技术规范》团体标准编制工作会，会议坚持在广泛调研、共同探讨的基础上，严格按照《中国教育装备行业协会团体标准管理办法》有关要求，深入探讨当前开源硬件团体标准制定的难点问题，积极推动《普通高中开源硬件技术规范》团体标准科学合理地开展。同时，此团体标准的制定秉承开源精神、倡导开源文化，期待并欢迎更多的国内专家、企事业同行共同参与其中，使《普通高中开源硬件技术规范》团体标准尽快上升为行业标准，在中国特色的教学用开源硬件领域为学校建设提供标准依据。

编委介绍

（以姓氏拼音为序）

何超，北京太尔时代教育组产品经理，曾是2020—2021年教育部白名单少年硅谷大赛出题组和评委组成员，F1 In Schools组委会裁判组成员，2019年中美青年创客大赛决赛评委，2018年和2019年北京市创客马拉松大赛现场评委组成员；曾荣获2019年机械工业出版社“金牌作者”称号。

黄鸣曦，北京师范大学教育管理学硕士，现任威盛人工智能研究院秘书长、威盛教育产品课程总监、全国信息技术标准化技术委员会教育技术分技术委员会单位委员（CELTSC）、全国高等学校计算机教育研究会理事，参与编写人教、中图版《普通高中教科书信息技术人工智能初步配套实验指导用书》，为青少年编程能力等级标准（T/CERACU/AFCEC 100.3—2021）起草人。

江沛，TCL实业控股股份有限公司通信事业部高级工程师，拥有十多年产品研发经验，目前主要从事教育平板电脑健康护眼方面的技术预研，曾参与中国电子视像行业协会《显示产品视觉健康技术要求　第3部分　教育平板电脑》部分标准的起草工作。

李政扬，教育部教育装备研究与发展中心新技术处助理研究员，2020 年度基本科研业务费专项资金资助重点课题《新技术在教育装备应用的趋势研究》课题组成员。

吕云，副教授，高级工程师，美国佛罗里达国际大学（州立）计算机科学博士，北京宏达威爱科技有限公司总裁。研究领域主要包括虚拟现实技术、数据可视化、分布式异构数据库、数据挖掘和深度学习，在基于位置的大数据分析和 VR 应用方面做出了有影响力的研究与应用。

谢作如，浙江省温州中学信息技术教师，特级教师，正高级教师，中国电子学会现代教育技术分会副主任委员，中国教育技术协会信息技术教育专委会常务理事，清华大学“大、中、小学一条龙教学研究”实验教材编写组信息技术教材副主编，开源硬件项目“虚谷计划”联合发起人。

叶琛，英国诺丁汉大学机器人博士，上海智位机器人股份有限公司创始人、首席执行官。创建了 RoboticFan（机器人爱好者）社区、“蘑菇云创客空间”，是开源社区与创客教育先行者，长期从事机器人教育研究、人工智能及创客教育实践。

张宇，清华大学电子工程博士，现任英特尔高级首席 AI 工程师及英特尔中国区物联网事业部首席技术官，兼任边缘计算产业联盟测试床工作组主席，曾参与制定“边—云”协同环境下机器学习相关的协议标准，长期负责基于英特尔处理器及人工智能加速芯片的边缘计算与深度学习解决方案的创新和推广。